子平通考

鄺偉雄

圓方立極

「天圓地方」是傳統中國的宇宙觀，象徵天地萬物，及其背後任運自然、生生不息、無窮無盡之大道。早在魏晉南北朝時代，何晏、王弼等名士更開創了清談玄學之先河，主旨在於透過思辨及辯論以探求天地萬物之道，當時是以《老子》、《莊子》、《易經》這三部著作為主，號稱「三玄」。東晉以後因為佛學的流行，佛法便也融匯在玄學中。故知，古代玄學實在是探索人生智慧及天地萬物之道的大學問。

可惜，近代之所謂玄學，卻被誤認為只局限於「山醫卜命相」五術及民間對鬼神的迷信，故坊間便泛濫各式各樣導人迷信之玄學書籍，而原來玄學作為探索人生智慧及天地萬物之道的本質便完全被遺忘了。

有見及此，我們成立了「圓方出版社」（簡稱「圓方」）。《孟子》曰：「不以規矩、不成方圓」。所以，「圓方」的宗旨，是以「破除迷信、重人生智慧」為規，藉以撥亂反正，回復玄學作為智慧之學的光芒；以「重理性、重科學精神」為矩，希望能帶領玄學進入一個新紀元。「破除迷信、重人生智慧」即「圓而神」，「重理性、重科學精神」即「方以智」，既圓且方，故名「圓方」。

出版方面，「圓方」擬定四個系列如下：

1.「智慧經典系列」：讓經典因智慧而傳世；讓智慧因經典而普傳。

2.「生活智慧系列」：藉生活智慧，破除迷信；藉破除迷信，活出生活智慧。

3.「五術研究系列」：用理性及科學精神研究玄學；以研究玄學體驗理性、科學精神。

4.「流年運程系列」：「不離日夜尋常用，方為無上妙法門。」不帶迷信的流年運程書，能導人向善、積極樂觀、得失隨順，即是以智慧趨吉避凶之大道理。

此外，「圓方」成立「正玄會」，藉以集結一群熱愛「破除迷信、重人生智慧」及「重理性、重科學精神」這種新玄學的有識之士，並效法古人「清談玄學」之風，藉以把玄學帶進理性及科學化的研究態度，更可廣納新的玄學研究家，集思廣益，使玄學有另一突破。

鄺偉雄師傅簡介

鄺偉雄先生，廣東省開平市人士，香港著名風水命理學家，從八零年代開始執業，經常接受本地各大傳媒如無線電視台、鳳凰衛視、華娛衛視、香港電台等訪問，介紹正確的玄學知識，以科學及理性的角度去理解中國的傳統國粹。

鄺師傅研究玄學，乃從理性及實際的角度出發，除去迷信成分，以學術性、應驗性、哲學性為重點，用中國的傳統術數，配合現代社會的發展情況，作出新的演繹，不固步自封，亦不嘩眾取寵，是以深受國內外人士讚譽。

鄺師傅從九十年代中開始已經走遍中國大江南北，將沉寂了一段長時間的術數，重新開始推廣，將正統的中國術數，往正確的方向伸延。

序

中國玄學，以天干地支作為骨幹，而八字學就是以天干地支為主的算命方法，可以說，學習及了解八字，對學習其他術數，都打下了堅實的基礎，將來要學習大六壬、文王卦、奇門、擇日等等，都事半功倍。

任何學術學問都是要通過學習、演練、分析、實例判斷等過程，才能夠得到成功，八字學都一樣，並沒有速成的方法，也沒有甚麼所謂新的發明，命理是以古為師，而加以融會貫通，配合時代的改變，而作出適當的調整，之不過，因為古書太多、文字太深、錯別字不少、當中的論點，亦有很多迂迴曲折的地方，令真正的學問，好像被大霧籠罩着一樣，令很多初學者都望而卻步，摸不着頭腦。

本書的內容，只是將前人的智慧、加上自己數十年論命的經驗，加以歸納，而書中的命例，絕大部分都是真實的個案，讀者可以放心研究，其中論點，雖然談不上甚麼秘訣，但是如果你看了很多八字書、上了一些八字課、在網上自學了一些時間，對八字的判斷與內容，都不甚了了，茫無頭緒，本書當可以給予你一些新的觀點體會，是為序。

丁酉年 **鄺偉雄**

目錄

第四章　典籍摘要

第一章 起例與論命秘訣

四柱起例

年柱

六十花甲子太歲順行一年一干支。以立春為年柱分界線，大約陽曆二月四日，前後最多差一天。亦有一小部分主張以冬至為年柱分界線。

我是以立春分界為主。

甲子	乙丑	丙寅	丁卯	戊辰	己巳	庚午	辛未	壬申	癸酉
甲戌	乙亥	丙子	丁丑	戊寅	己卯	庚辰	辛巳	壬午	癸未
甲申	乙酉	丙戌	丁亥	戊子	己丑	庚寅	辛卯	壬辰	癸巳
甲午	乙未	丙申	丁酉	戊戌	己亥	庚子	辛丑	壬寅	癸卯
甲辰	乙巳	丙午	丁未	戊申	己酉	庚戌	辛亥	壬子	癸丑
甲寅	乙卯	丙辰	丁巳	戊午	己未	庚申	辛酉	壬戌	癸亥

月柱

月支：以節氣的「節」為轉換點。每年陽曆節氣大致上都差不多一樣。

節氣	陽曆月份	日期
立春	寅二月	4或5日
雨水		19或20日
驚蟄	卯三月	5或6日
春分		20或22日
清明	辰四月	5或6日
穀雨		20或21日
立夏	巳五月	5或6日
小滿		21或22日
芒種	午六月	5或6日
夏至		20或21日
小暑	未七月	7或8日
大暑		23或24日

節氣	陽曆月份	日期
立秋	申八月	7或8日
處暑		23或24日
白露	酉九月	7或8日
秋分		23或24日
寒露	戌十月	8或9日
霜降		23或24日
立冬	亥十一月	7或8日
小雪		22或23日
大雪	子十二月	7或8日
冬至		22或23日
小寒	丑一月	5或6日
大寒		20或21日

月干：用年上起月訣：

甲己之年丙作首，
乙庚之歲戊為頭，
丙辛必定尋庚起，
丁壬壬位順行流，
若問戊癸何方發，
甲寅之上好進求。

例如丁酉年，就依口訣：「丁壬壬位順行流」，可以用掌中地支（見左頁掌圖），就從壬加在寅月上，依次順行十二月。

寅月就是壬寅，
卯月就是癸卯，
辰月就是甲辰，
巳月就是乙巳，
午月就是丙午，
未月就是丁未，
申月就是戊申，
酉月就是己酉，
戌月就是庚戌，
亥月就是辛亥，
子月就是壬子，
丑月就是癸丑。

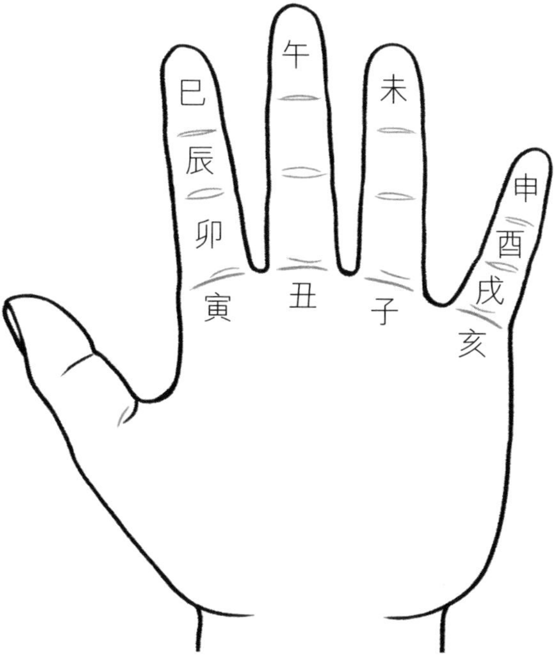

掌中十二支圖定位

日干支

可以查萬年曆。又可以查手機的萬年曆或排八字的軟件。

時干支

兩小時為一時辰。

時辰	標準時間
早子	凌晨零時至上午一時
丑	上午一時至三時
寅	上午三時至五時
卯	上午五時至七時
辰	上午七時至九時
巳	上午九時至十一時

時辰	標準時間
午	上午十一時至下午一時
未	下午一時至三時
申	下午三時至五時
酉	下午五時至七時
戌	下午七時至九時
亥	下午九時十一時
夜子	下午十一時至午夜十二時

時干：用日上起時訣。

甲己還加甲，
乙庚丙作初，
丙辛從戊起，
丁壬庚子居，
戊癸何方發，
壬子是直途。

例如辛亥日，就依口訣：「丙辛從**戊起**」，可用掌中地支（見下圖），將戊加在子時上，依次順行十二時。

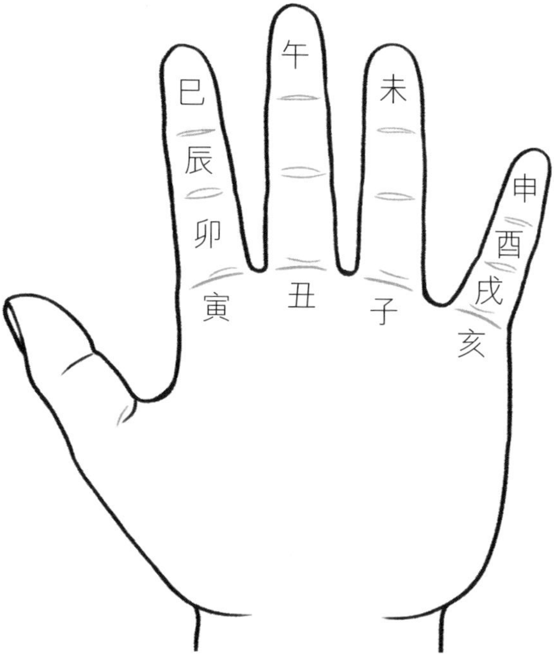

掌中十二支圖定位

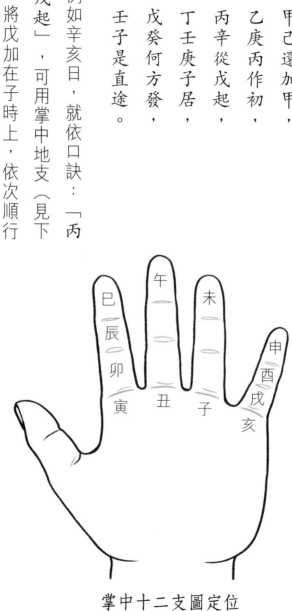

子時就是戊子，
丑時就是己丑，
寅時就是庚寅，
卯時就是辛卯，
辰時就是壬辰，
巳時就是癸巳，
午時就是甲午，
未時就是乙未，
申時就是丙申，
酉時就是丁酉，
戌時就是戊戌，
亥時就是己亥。

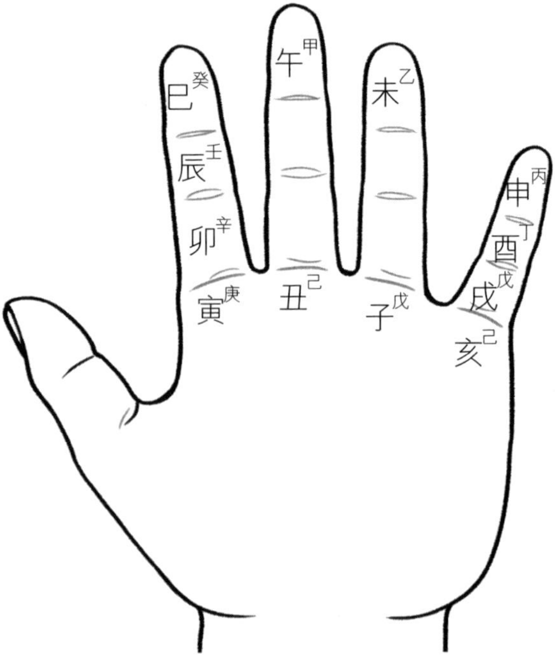

掌中十二支圖定位

如果用夜子時的排法，就順排庚子時。

因為子的排法，有兩種方法：

其一是晚上十一點交子時，要換日干支，並無分早夜子時。

其二是晚上十一時至十二時為夜子時，不用換日干支。晚上十二時至一時為次日早子時。

我看過很多人、甚至「大師傅」，可能是用電腦或手機排八字，在夜子時的情況下，就輸入子時，而做成笑話，變成了日子時，如此一錯，就將時間排列早了十二個時辰。

建議學習八字的人，一定要學習自己起八字，不可以依賴手機軟件。

根據個人驗證與習慣，我算八字，並無早夜子之分。

大運排法及起運歲數——

甲丙戊庚壬：為陽年。

乙丁己辛癸：為陰年。

陽年出生男命、與陰年出生女命，順數至未來節，看有多少日，大運由月干支順行，一組干支為十年。

陰年出生男命、與陽年出生女命，逆數至過去節，看有多少日，大運由月干支逆行，一組干支為十年。

以四日為一年，一日為四個月，一時辰為十日。

例如二〇一七年十月十八日巳時生男命，八字是：

丁酉
庚戌
戊寅
丁巳

是丁年生的陰男，要逆數至過去節，過去節是在十月八日巳時寒露節，是十日的距離，依上述四日一歲的方法，是兩歲零八個月上大運，大運從月令起逆行：

兩歲零八月**己酉**
十二歲零八月**戊申**
二十二歲零八月**丁未**
三十二歲零八月**丙午**
四十二歲零八月**乙巳**
五十二歲零八月**甲辰**
六十二歲零八月**癸卯**
七十二歲零八月**壬寅**

論胎元（胎月）

八字排開，年月日時，按五行道理判斷，八九不離十都會得到想要的結果，但是有些判斷結果，與事實不相符合，例如有些八字是介乎於正常格局、或者是從格、或者是化氣格……就要參考胎元。

《三命通會》：「夫胎者，受形之始……今談命者或不以胎月為重，殊不思胎月，是四柱之根苗，日時雖為緊，若不犯胎月，或乘旺氣祿馬之處，則為福尤多；或日時之吉，而為胎月所犯，則吉亦歸無用，是胎月最為樞要。」

意思大致說明，四柱好，胎月配合，則吉上加吉；若四柱好，而胎月不配合，則吉亦虛花不實。

胎元其實就是懷孕的月份。

先有胎元，後有四柱，是以胎月是四柱之根苗。

胎元求法——

月柱天干順數一位，地支連根順數四位。

例如在癸未月出生，就將天干癸順數一位是甲；地支連根順數四位是戌，所以胎元是甲戌，就是十個月之前的干支。

但要計算是否有早產的情況，若早產，就要計算真正懷孕的時間有多少天。

整個懷孕日期是二百八十天，若要計算最正確的胎元，可以從生日那天倒推二百八十天。

胎元的作用非常大，可以補充八字的不足，但亦可以破壞用神的力量。

古書云：

「胎月見貴，必受福蔭，刑沖破害，決主艱辛。」

《鬼谷子》曰：

「胎中如有祿，生在貴豪家，或在空亡中，貧窮起怨嗟。」

八字內日元太弱，如胎元是日主的長生、餘氣、祿、刃、墓庫等通根得地，可以助起日主；如胎元是官殺食傷等日元剋洩之地，則凶上加凶。

相反八字內日元太旺，如胎元是官殺食傷財星，可以化凶為吉；如胎元是日主通根之地，則凶上加凶了。

胎元是天乙貴人，一生逢凶化吉；

胎元是驛馬，一生多動少靜；

胎元是咸池，一生桃花運不少；

胎元是用神最好；

胎元是忌神最忌。

胎元是有起死回生之力。八字內無用神，而胎元有，可以為用。

八字內五行有缺，而胎元有，可以補足。

見以下命例：

男命：

胎元	官	日元	比	比
己	**乙**	**戊**	**戊**	**戊**
酉	**卯**	**寅**	**午**	**子**
辛傷	乙官	甲杀 丙卩 戊比	丁印 己劫	癸財

（午、子：沖）

75	65	55	45	35	25	15	5
丙	乙	甲	癸	壬	辛	庚	己
寅	丑	子	亥	戌	酉	申	未

（戌：破大財）

胎元可以補足命中所缺

戊土生午月，火炎土燥，三土二木，半合火局。

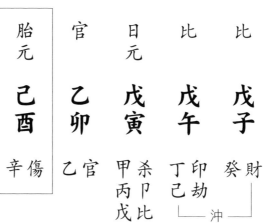

八字無金，只有年支子水，八字偏枯，論理事業功名都有困滯，只合寂寂無聞，甚至乎是三餐不繼，非貧即夭。

但胎元在己酉，補八字的金，生弱極之水，行十五歲至二十五歲庚申運，讀書成功，並且於辛酉事業漸入佳境，在戌運破大財，戌午會火沖財的緣故。

有些同道可能認為這是一個專旺格，或者兩神成象格之類的特別格局，但行金運順利，行戌運破財，已經可以肯定是要用正格去解釋了。

所以己酉胎元，是傷官星，是專業及聰明，可以制原命的官殺，可以生失令的財星，真是具有扭轉乾坤的力量。

這是一個執業西醫的八字。

命宮起例

需先看出生月份是何月，若果生日已經過了中氣，便算作下一個月。（參見本書第15頁表）

然後不論男女，從子上起寅月，逆行至或本生月止（過了中氣算下一個月）。再從這處起生時，順數至卯，即是立命宮之地。

例如：陽曆五月十日亥時出生，五月十日是立夏後為巳月，就從掌上地支定位。

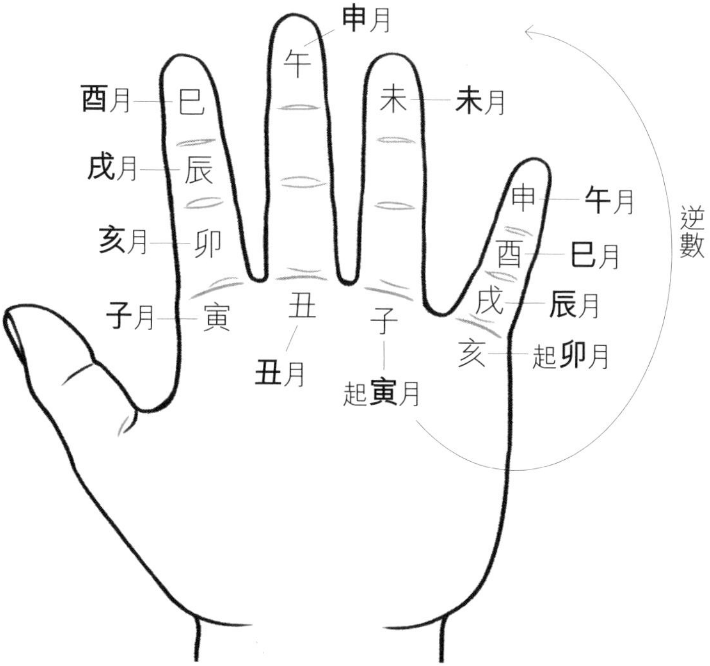

掌上地支定位圖

子上起寅月，
卯月在亥，
辰月在戌，
則巳月在酉。
然後酉上起亥時（生時）
順行，則：
子時在戌，
丑時在亥，
寅時在子，
卯時在丑。
於是在丑宮立命宮。

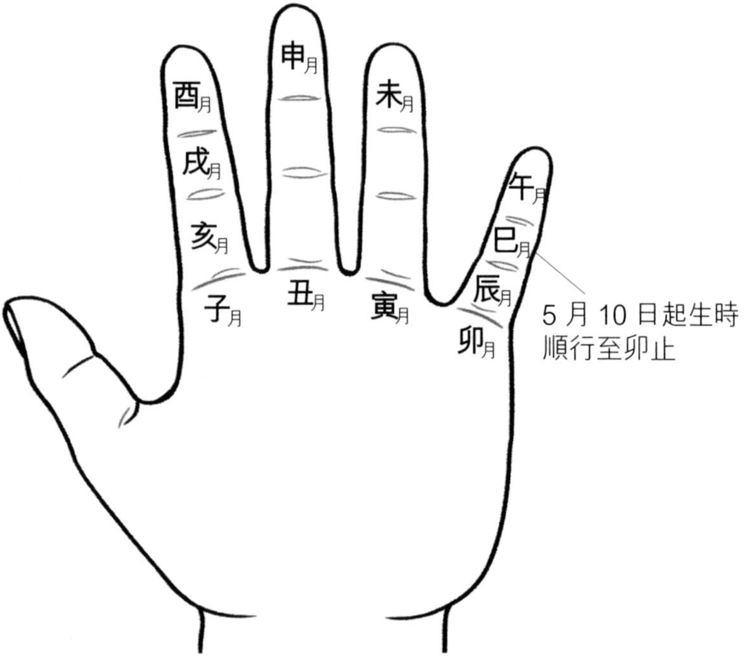

子上起寅月，
過中氣計下月。

然後排命宮的天干。

命宮天干，用年上起月法：

甲己之年丙作首，
乙庚之歲戊為頭，
丙辛必定尋庚起，
丁壬壬位順行流，
若問戊癸何方發，
甲寅之上好進求。

如本例，命宮在丑，假設是丁酉年生人，就用壬從寅起順行，壬寅、癸卯、甲辰、乙巳、丙午……癸丑。則命宮天干是癸，命宮是癸丑。

其餘十二宮逆行。

命宮源於五星七政，共有十二宮。

一命宮
二財帛
三兄弟
四田宅
五男女
六奴僕
七夫妻
八疾厄

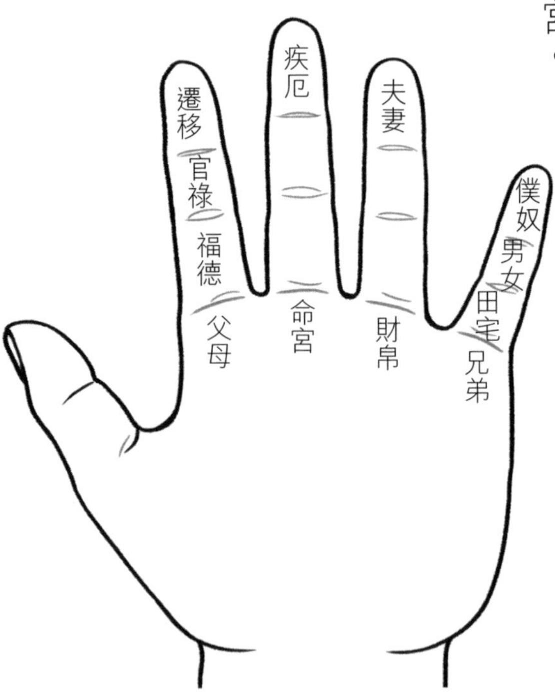

命宮逆行十二宮定位

九遷移
十官祿
十一福德
十二父母
宋朝以後子平流行，以年月日時為主，不重用天星七政，況且古時天文學資料只掌握於少數人之手，一般人很難得到天星行度，於是有子平之術出現。
但是按照本人的經驗，命宮等十二宮依然是有很大的參考價值。
命宮可以與八字對照；
命宮可以與胎元對照；
命字可以與流年對照。

例如：

大運沖命宮，主多動少靜；

晚年大運沖命宮，壽元有阻。

命宮為天乙貴人，有逢凶化吉之力；

命宮為咸池桃花，人見人愛。餘類推。

行大運流年值夫妻宮，易得姻緣；

行大運流年值子女宮，易得子女；

行大運流年值財帛宮，易得財。餘類推。

命宮速查表

月份	節氣	生時／命宮：卯宮	寅宮	丑宮	子宮	亥宮	戌宮	酉宮	申宮	未宮	午宮	巳宮	辰宮
正月	大寒後雨水前	子時	丑時	寅時	卯時	辰時	巳時	午時	未時	申時	酉時	戌時	亥時
二月	雨水後春分前	亥時	子時	丑時	寅時	卯時	辰時	巳時	午時	未時	申時	酉時	戌時
三月	春分後穀雨前	戌時	亥時	子時	丑時	寅時	卯時	辰時	巳時	午時	未時	申時	酉時
四月	穀雨後小滿前	酉時	戌時	亥時	子時	丑時	寅時	卯時	辰時	巳時	午時	未時	申時
五月	小滿後夏至前	申時	酉時	戌時	亥時	子時	丑時	寅時	卯時	辰時	巳時	午時	未時
六月	夏至後大暑前	未時	申時	酉時	戌時	亥時	子時	丑時	寅時	卯時	辰時	巳時	午時
七月	大暑後處暑前	午時	未時	申時	酉時	戌時	亥時	子時	丑時	寅時	卯時	辰時	巳時
八月	處暑後秋分前	巳時	午時	未時	申時	酉時	戌時	亥時	子時	丑時	寅時	卯時	辰時
九月	秋分後霜降前	辰時	巳時	午時	未時	申時	酉時	戌時	亥時	子時	丑時	寅時	卯時
十月	霜降後小雪前	卯時	辰時	巳時	午時	未時	申時	酉時	戌時	亥時	子時	丑時	寅時
十一月	小雪後冬至前	寅時	卯時	辰時	巳時	午時	未時	申時	酉時	戌時	亥時	子時	丑時
十二月	冬至後大寒前	丑時	寅時	卯時	辰時	巳時	午時	未時	申時	酉時	戌時	亥時	子時

論八字必須配合出生地

例：男命

官	比	日元	比	胎元	命宮
戊	癸	癸	癸	甲	戊
子	亥	亥	亥	寅	午
癸比	壬劫 甲傷	壬劫 甲傷	壬劫 甲傷		

1	11	21	31	41	51	61	71
甲	乙	丙	丁	戊	己	庚	辛
子	丑	寅	卯	辰	巳	午	未

印尼出生有地利

此命戊土生於亥月，水土旺土蕩，地支三亥一子天干癸水成群，全局無一點火，只有靠戊土合癸，但是戊土無根，如何可以制旺水之勢，基本上是五行偏枯之命，何來富貴？

- 這人在印尼出生，近於赤道，火有地利，無火反而有火；
- 加上立命在戊午，一戊一午，制水暖命；
- 而且胎元甲寅，陽木得祿，吸水力強大；
- 是以原命水不寒、土能用、木能洩水、戊癸亦可化火為財矣；
- 前行北方水運，二十一歲前當然乏善足陳；
- 二十一歲起丙寅、丁卯一路木火相生，漸入佳境，但原命無丙丁，兼且財透見劫，財富多來去廣；

- 四十一歲戊辰，戊土用神透出，得財甚豐，富貴雙全；後行南方火運，依然順利。

這是一個開礦富商的八字。

所以，同一個八字，不同地點出生，絕對有不同的際遇。

大致而言：

近在赤道地方，氣候炎熱，八字大多喜水。

近在南北極地方，氣候寒冷，八字大多喜火。

例如印尼、新加坡、非洲、南美等地域，氣候相對炎熱，八字喜水為先。

例如北極、加拿大北部地區、長期積雪之地，氣候相對寒凍，八字喜火為先。

而在中國本地，亦有分地區配合五行而論命。

五行喜火，最利於南方地區出生，以廣東、福建、海南地區為佳，後天亦利於往南方發展。

五行喜木，最利於東方地區出生，以江蘇、上海、浙江一帶為佳，後天亦利於往東方發展。

五行喜水，最利於北方地區出生，以內蒙、北京、河北、甘肅等地區為佳，後天亦利於往北方發展。

五行喜金，最利於在西方地區出生，以四川、青海、西藏、新疆等地區為佳，後天亦利於在西方發展。

命中喜土，最利於中央地區出生，以湖南、湖北、陝西、河南、重慶等地區為佳，後天亦利於往中央地區發展。

其餘國家地區，例如美洲、澳洲、歐洲，都可以用這種推演方法判斷。

再切實一點，是了解知道出生當天的天氣情形，有很大的影響力。

比如冬天生人，出生前數天一直天色灰暗，陰霾密佈；但出生之時忽然陽光普照，如果出生八字是喜火為用，即使命內火力不足，也是一種富貴之兆。

相反而言，例如夏天生，出生前數天一直太陽高照，烈日當空；但出生之時忽然天降甘霖，氣候轉涼，如果八字是喜水為用，即使命內水氣不足，也是一種富貴之兆。

所以，當以後有新生的嬰兒出生，必須留意出生時的天氣狀況。

論五行十二支的歷程

五行在十二地支之上，有得地有失地，比如丙丁天干：

看見地支有寅，就是長生之地；看見有卯，就是沐浴之地；看見有亥，就是臨絕地。

這是其中一個看五行強弱的重要指標。

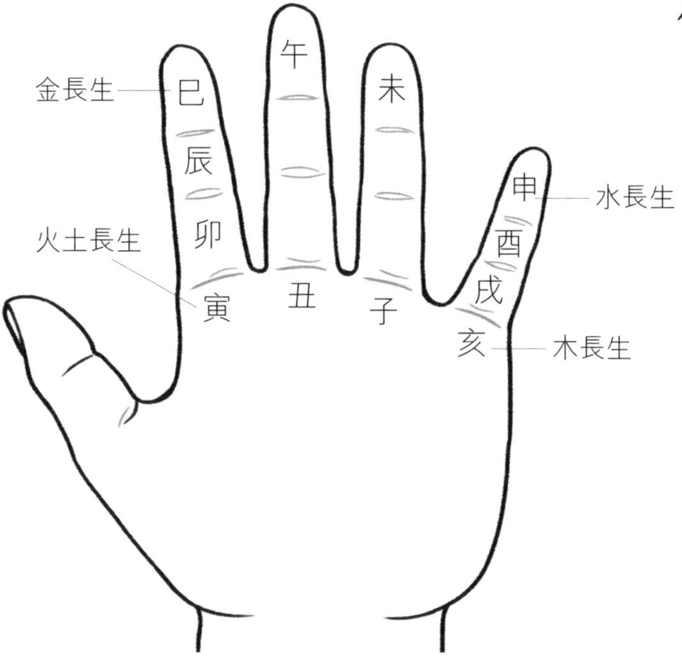

五行長生祿刃掌圖

以火為例：

長生在寅

沐浴在卯

冠帶在辰

臨官在巳

帝旺在午

衰在未

病在申

死在酉

墓在戌

絕在亥

胎在子

養在丑

木長生在亥，沐浴在子，冠帶在丑，臨官在寅……餘類推；

水長生在申，沐浴在酉，冠帶在戌，臨官在亥……餘類推；

金長生在巳，沐浴在午，冠帶在未，臨官在申……餘類推；

土寄生於火，故長生也在寅，沐浴在卯……與火一樣。

十二歷程之中，我們只注重的是長生、臨官、帝旺、衰、墓庫這幾個位置，原因是這幾個位置都是通根得地，分論如下：

（一）木

長生在亥，

臨官在寅，（甲木得祿在寅）

帝旺在卯，（乙木得祿在卯，甲木陽刃在卯，乙木為陰木，最旺也不及甲木，是以只有陽干有陽刃，而陰干無陽刃，陰干以帝旺為得祿。）

衰在辰，（即餘氣）

墓庫在未。

（二）火（土同論）

長生在寅，

臨官在巳，（丙火得祿在巳）

帝旺在午，（丁火得祿在午，丙火陽刃在巳。）
衰在未，（即餘氣）
墓庫在戌。

（三）金

長生在巳，
臨官在申，（庚金得祿在申）
帝旺在酉，（辛金得祿在酉，庚金陽刃在酉。）
衰在戌，（即餘氣）
墓庫在丑。

（四）水

水長生在申，

臨官在亥，（壬水得祿在亥）

帝旺在子，（癸水得祿在子，壬水陽刃在子。）

衰在丑，（即餘氣）

墓庫在辰。

以上四項以陽刃為最旺，臨官得祿為次旺，墓庫及衰（餘氣）為較弱，但都是有氣，凡日元得以上四者，都稱為通根得地，都可以享用財官食神。

凡財官食神得長生、祿、刃、餘氣，都稱為通根有用。

論祿

祿就好像一個人成長到成熟的階段，不論身體及思想都達到最好的情況，好比古時享受朝廷俸祿，所以叫做得祿。

甲木見寅年、月、日、時；

乙木見卯年、月、日、時；

丙火見巳年、月、日、時；

丁火見午年、月、日、時；

戊土見巳年、月、日、時；

己土見午年、月、日、時；

庚金見申年、月、日、時；

辛金見酉年、月、日、時；

壬水見亥年、月、日、時；
癸水見子年、月、日、時。
古語有云：官得祿而夫榮，妻得祿而妻貴。

論刃

陽刃是五行最旺之地，是劫財之處，而且過剛則易折，所以一般都不為喜，容易發生意外、意氣用事、官司、手術、離婚等事。

其中以月帶陽刃為最旺，陽刃只有金木水火：

甲日見卯年、月、日、時；
庚日見酉年、月、日、時；

壬日見子年、月、日、時；
丙日見午年、月、日、時。
而土居四維，並無陽刃，所以古書有道：「戊日午月，勿作刃看。」

論餘氣

餘氣是五行由最旺之位而退下來，好比一個剛退休的人，雖然高峰期已過，但仍然有餘力在社會上立足。

甲乙木見辰年、月、日、時；
丙丁火見未年、月、日、時；
戊己土見未年、月、日、時；

庚辛命見戌年、月、日、時；

壬癸水見丑年、月、日、時。

凡命中有餘氣，就有根氣，只要別處另有一兩處幫扶，都可以承受財官富貴。

論墓

墓庫好比一個人雖然年紀較大，但仍然可以依靠人生的經驗，對社會及自己家庭有貢獻。

甲乙木見未年、月、日、時；

丙丁火見戌年、月、日、時；

庚辛金見丑年、月、日、時；

壬癸水見辰年、月、日、時。

而墓庫本身五行屬土，而戊己土並無墓庫。

凡日元通根墓庫，都是有根基，只是稍弱，如果在別處另有一兩處生扶，都能夠享用財官福祿。

例：男命

食	**壬午**	火得祿
比	**庚戌**	金餘氣
日元	**庚申**	金得祿
官	**丁亥**	水得祿

2	12	22	32	42	52	62	72
辛亥	壬子	癸丑	甲寅	乙卯	丙辰	丁巳	戊午

年月日時均得祿

● 庚金日元生於戌月是餘氣；
● 又坐下申金是得祿；
● 日元有力，能用財官；
● 且壬水食神見亥時為得祿；
● 丁火正官見午年為得祿；
● 年月日時無一字不得祿，這就是造就富貴的基礎，唯是原命財星稍弱。
● 行運三十二歲之前為水運食傷，讀醫成功；
● 三十二歲起行甲寅、乙卯，二十年財星運，補充八字的不足，自己執業，漸入富貴之途。

這是一位西醫專科生的八字。

論四柱分歲數

年柱：代表出生後至十七八歲左右的運氣。

月柱：由十七八歲左右至三十五六歲左右的運氣。

日柱：由三十五六歲左右，至五十四五歲左右的運氣。

時柱：由五十四五歲左右至壽終的運氣。

按照這個大原則，人生的基本情況已經表現了出來，所以有時不用急於看大運，先從四柱找到重點，然後再與大運去配合。

（一）用神在年柱，必然早年得到父母祖先的幫助，十七八歲前享父母或祖先的餘蔭。尤其正財、偏財、正官、食神、正印等吉神為用，定主享財福享祿，成長之路平坦無波。

忌神在年柱，必然難享祖蔭，或別井離鄉，或過房養育，注定要白手興家，如劫財、傷官、七殺等凶神為忌，必然早年辛勞、阻力、疾病，辛酸不為外人道。

請參看左頁例。

例一：男命

財	食	日元	傷
庚	**己**	**丁**	**戊**
子	**丑**	**巳**	**申**
癸杀	己食 辛才 癸杀	丙劫 戊傷 庚財	庚財 壬官 戊傷
0至17、18歲	17、18至35、36歲	35、36至54、55歲	54、55至終老

年柱財坐傷官，父早亡。

男命：丁火冬生，天寒地凍，以木火為用神，金水為忌神，年上庚金正財，子水七殺，均為忌神，是以童年家貧，父早亡，早年要幫忙家計。父亡原因，皆因財星為父親，父坐子水傷官，必然官司是非疾病。

例二：女命

時	日	月	年
劫	日元	杀	卩
癸	**壬**	**戊**	**庚**（忌神）
卯	**辰**	**子**	**寅**（忌神）
乙傷	戊杀 乙傷 癸劫	癸劫	甲食 丙才 戊杀

庚：0至13、14歲
寅：13、14至17、18歲

童年先貧後富

壬水冬生，水結成冰，必須丙火解寒，年干庚金偏印為忌，年支寅木洩水，寅中有丙火解凍，為大用神，是以先忌後喜，此人祖上為官，童年祖上因環境因素，韜光養晦，十三四歲以後，客觀環境改變，東山再起，享盡榮華富貴。

（二）用神在月柱，十七八歲左右，運氣漸好，如月柱有配偶星為用神，男命為財星，女命為官殺，代表姻緣早至，早婚幸福；如配偶星為忌神，不利於早婚，感情生活阻滯多多。

如月柱有子女星為用神，即男命的官殺，女命的食神傷官，則在這個時期之內，必然添丁，旺父而益母；如子女星為忌神，則不利於添丁，求丁困難，難產不育。

如月柱有財官食印為用神，大致上都可以在這個時期之內，發展事業，有財主發財，有官主發官，有食傷主發專業，有印主貴人……餘則類推。

月支是八字重點所在，月令為旺相的依據，所以在月令的歲數，由二十七八歲左右，是人生的重要發展時刻，基礎都在這個時間奠定了。所以月令中有甚麼東西，都要仔細參詳，如甲木生於申月，申中有七殺、正印、偏財，為用神就代表有名、有財、有物業、有姻緣；如為忌神，就代表有小人、有桃花劫、有阻滞之事。

請參看左頁例。

例一：女命

才	日元	傷	食
甲	庚	癸（17、8至35、36歲）	壬（0至13、14歲）
申	辰	丑（天乙貴人）	辰
比 庚	卩 戊	印 己	卩 戊
食 壬	財 乙	劫 辛	財 乙
卩 戊	傷 癸	傷 癸	傷 癸

名女歌星八字

庚金生丑月，天乙貴人，金強無火，唯有用壬癸水生甲木之財，壬在年柱，早歲成名，癸在月柱，十八歲後事業更上一層樓，丑為月支忌神，丑中癸水傷官，必然在三十六七歲前都不利於姻緣運。

這是一位名女歌星的八字。

例二：男命

官	甲辰	劫 戊 / 杀 乙 / 才 癸	
傷	㊉庚午	𠂎 丁 / 比 己	17、18歲開始發迹
日元	己亥	財 壬 / 官 甲	
傷	庚午	𠂎 丁 / 比 己	

年上忌神，出身寒微。

己土夏生，火炎土燥，以月干庚金傷官為用，年上甲木辰土，正官、劫財為忌，越南出生，出身寒微，十六歲去法國，十八九歲入月柱傷官用神，從事飲食業，漸次發迹。

（三）用神在日柱，但日干是日元自己，就要論日元是否平衡，如日元太旺、太弱，在三十五六歲至四十三四歲左右，都會出現一些阻力，日元本身太旺是自己剛愎自用，以致運程反覆，自毀前程；如日元太弱則是自暴自棄，不思進取，而引致失敗。

所以人生在三十五歲到四十三歲，都會出現很多關鍵性的決定，原因就在於這裏，所以必須要好好體會，從而趨吉避凶。

如日支為用神，坐財星為用神，必然可以在四十三四歲起，至五十四五歲，積蓄到財富金錢，男命更得賢妻。

如日支為官殺為用神，可以得到地位功名，女命更旺夫享夫福；男命則代表子女早出身及事業成功。

如日支為忌神，則在這段時間之內，阻滯多多，如劫財比肩為忌，必定破大財，更主婚姻不利；如傷官為忌，必主惹官司，女性婚姻失敗；如七殺為忌，定惹官非、疾病；如印為忌，必定剛愎自用，懶散心態。

請參看左頁例。

例一：女命

時	日	月	年
比	日元	印	比
癸	癸	庚	癸
亥	巳	申	卯
劫壬 傷甲	財丙 官戊 印庚	印庚 劫壬 官戊	食乙

（巳亥）沖

35、36至54、55歲

沖日柱，中年後姻緣不利。

癸水秋生，滿盤金水，日元太旺，以日支巳火為財官，可惜被時支亥水所沖，是以在日柱歲運三十五歲至五十四歲，姻緣多變，但必須要異地姻緣、或聚少離多，才可保得夫星。

例二：女命

	劫	日元	食	比
天干	**辛**	**庚**（圈）	**壬**	**庚**
地支	**巳**	**子**（圈）	**午**（圈）	**寅**
藏干	杀丙、卩戊、比庚	傷癸	官丁、印己	才甲、杀丙、卩戊
		35、36至54、55歲	27、28至35、36歲	

（子午沖）

月沖日，中晚年不利姻緣。

庚金生於夏令，火旺金柔，必需要濕土生金，再以水調候，今日支傷官沖月支官星，是以在月柱歲數二十八歲起至日支歲數五十五左右，前夫離、後夫死，皆因水火沖擊太烈，並且是「**傷官見官**」之故。

（四）如時支為用神，必定在五十四五歲之後，享晚年福氣。

如財在時為用，晚年財多享福；如官在時為用，晚年有名望，男命享子女福，有子承繼，女命享夫福；如印為用神，則田產物業豐富，生活優游。

相反，時柱為忌神，晚年注意健康，切忌投機，如劫財比肩為忌，必主是非破財；如食神傷官為忌，必主晚輩是非，過食生災；如正官七殺為忌，必然疾病官司，男命更為子女事憂心；如正印偏印為忌，必然為物業田產長輩事而煩惱。

請參看下頁例。

例一：男命

時	日	月	年
傷	日元	卩	印
庚	己	丁	丙
午	丑	酉	戌
卩 丁 比 己	比 己 食 辛 才 癸	食 辛	劫 戊 食 辛 卩 丁
	沖（丑戌）		沖（丑戌）
54、55歲至晚年	45、46至54、55歲		

時落用神，晚年行運。

己土秋生，金多洩氣，最愛火生土，水潤土，己土有三火通根生身身不弱，是為之「**身食兩停**」可以用食傷。

早行財運，財多桃花旺，丑戌刑妻宮之水，行日支運四十五至五十四歲內離婚。

晚年行時柱一金一火，五十四起至七十歲後亦能有名聲於行頭之內，依然活躍。

此乃一著名武打名星之八字。

論五行反生剋

五行相生的道理，古時設計相當簡單，就是相生則吉，相剋則凶，旺相來相生就更吉，剋我者旺相就最凶，其中文王卦、六壬課等術數，都是利用這種方式運作，用於占卜之術，十分應驗。

而後來至子平法，五行生剋又有一大改進，這就是五行反生剋，如下：

（一）生我反而害我

金賴土生，土多金埋——

尤其辛金，本來就喜水洗，一遇土多，金便埋沒。

土賴火生，火多土焦——

尤其是丙火生戊土，本質乾燥，火多必然焦土。

火賴木生，木多火熾——

尤其甲木生丙，最易過烈。

木賴水生，水多木浮——

尤其壬水甲木，最易漂浮。

水賴金生，金多水濁——

總之過多生身亦不宜。

這現象好比父母本來愛子女，但愛之太過反而不利於子女成長；又好比子女要聽父母意見、又要聽祖父母意見、又要聽兄姐意見……但意見又不能統一，又是愛多反變害，這種命例，我看得很多。

《滴天髓》「母慈滅子關頭異」一語道破天機。

例：女命

才	日元	印	才
辛	**丁**	**甲**	**辛**
丑	**卯**	**午**	**亥**
己食 辛才 癸杀	乙卩	丁比 己食 祿	壬官 甲印

79	69	59	49	39	29	19	9
壬	辛	庚	己	戊	丁	丙	乙
寅	丑	子	亥	戌	酉	申	未

火賴木生，木多火熾。

此命丁火生午月旺而得祿，本喜金水為用，但又有甲木卯木生火，正是「**木多火熾**」，生我反而害我，是以出身困滯，父母無助，前行乙未、丙運，阻力之大可想而知，至行申運酉運，而方得姻緣。

（二）我剋反而弱我

金能剋木，木堅金缺——

尤其是甲木。

木能剋土，土重木折——

尤其是戌未的燥土。

土能剋水，水多土蕩——

尤其是壬水。

水能剋火，火多水乾——

尤其是丙火。

火能剋金，金多火熄——

尤其是庚金。

這是指財旺身弱，日元無力，反而受挫折。《滴天髓》「夫健為何又怕妻」，如果財星與七殺相連來剋身，則更壞矣。

請參看左頁命例。

例：女命

財	食	日元	傷
壬	**辛**	**己**	**庚**
寅	**亥**	**巳**	**午**
甲官	壬財	丙印	丁卩
丙印	甲官	戊劫	己比
戊劫		庚傷	

（亥、巳：沖）

6	16	26	36	46	56	66	76
庚	己	戊	丁	丙	乙	甲	癸
戌	酉	申	未	午	巳	辰	卯

土能剋水，水多土蕩。

己土生亥月，水多土蕩，己土雖有巳午火相生但是亥水沖巳，財來破印，是「**夫健怕妻**」，是以己運幫身結婚，後申運三刑沖剋用神巳火，夫妻不和諧而鬧離婚。

（三）洩我反而益我

強金得水，方挫其鋒——

尤其辛金最喜水洗則晶瑩可愛。

強水得木，方洩其勢——

尤其是甲木，洩水力最猛。

強木得火，方化其頑——

尤其冬天乙木最喜丙火之洩而暖身。

強火得土，方止其焰——

強火尤其喜己土濕土，一則洩火，一則潤燥。

強土得金，方宣其滯——

尤其戌未燥土，喜金來洩並可以生水來調候。

這是《滴天髓》「兒能生母洩天機」，是身強喜洩氣，以食神傷官為用神。

例：女命

印	官	日元	傷
戊	**丙**	**辛**	**壬**（圈）
戌	**辰**	**酉**	**辰**
戊印	戊印	辛比	戊印
辛比	乙才		乙才
丁杀	癸食	祿	癸食

3	13	23	33	43	53	63	73
乙	甲	癸	壬	辛	庚	己	戊
卯	寅	丑	子	亥	戌	酉	申

強金得水，方挫其鋒。

辛命生辰月，戊戌辰三土埋金，身強喜壬水之洗金並調候，喜壬水透干，是以為人聰穎，讀書名列前茅，是一女性工程師之命。

地支藏干

地支藏干歌訣，可以幫助記憶，學八字必須要背熟：

子中癸水在其中，
丑癸辛金己土同，
寅中甲木兼丙戊，
卯中乙木獨相逢，
辰藏乙戊三分癸，
巳中庚金丙戊叢，
午中丁火兼己土，
未藏丁乙己共宗，

申中庚金壬水戊，
酉中辛字獨豐隆，
戌藏辛丁兼戊土，
亥藏壬甲是真踪。

地支藏干非常重要，很多細微的東西，都是需要從藏干的元素內才找得到。

很多人拿住自己的八字來問我，說道有些師傅說其八字五行不齊全；但我一看，他們很多時將地支藏干都不論，尤其是辰、戌、丑、未的情況，就只論屬土，其中藏干都不計算在內，這其實是不對的。

而地支裏面的藏干數量，在過去都有多於一種的說法。

如果我們細看地支，可以分為三組：

一、辰戌丑未（四庫之地）一組：藏干量數目一樣，無爭議。

二、寅申巳亥（四馬之地）一組：寅申巳的地支藏干都是三種五行，都有戊土在內；而亥是兩種五行，而沒有戊土。

三、子午卯酉（四仲之地）一組：子卯酉藏干是單一五行；而午的藏干是兩種五行，多了一個己土。

所以有另一種説法是：亥中除了有壬水與甲木之外，更應該有戊土，於是就與寅申巳看齊，藏干內都有三種五行，並且都有戊土在內。

而午火之內應該就只有丁火，而沒有己土，而與子卯酉看齊，如此，子午卯酉之內都是單一種五行。

若果這樣配置，地支藏干就變成十分齊整，而看上去亦合乎邏輯。

當中何者為最正確，讀者可以在自己學習的過程中，加以留心辨別。

張神峰之書中有一例：

比	日元	傷	財
甲	**甲**	**丁**	**己**
子	**寅**	**丑**	**未**
癸印	甲比	己	己財
	丙食	辛（夫星）	乙劫
	戊才	癸	丁傷

（丑中癸與未中丁：沖）

乙	甲	癸	壬	辛	庚	己	戊
酉	申	未	午	巳	辰	卯	寅

金絕於寅

藏干傷官見官

作者自己說本欲找以上這個八字的姓黃女子為媳婦，看其八字不好而拒絕。

這是因為以前古代人論婚姻，都是經媒人介紹，或者是「指腹為婚」，並沒有自由戀愛這回事，而且都要事前互相交換年生八字，雙方同意，才能成其婚事的。但現在自由戀愛，大可不必如此。

原書說：「嫌未中丁火，鑽入丑中，破去其夫星，再加丁火透出天干，寅中又有丙火進氣，原夫星衰，而制夫星旺也……推其運，入寅五月必死，申果五月患痘疹而死。」

- 這個八字，沒有明顯的金，只有丑中辛金為夫星，而未中的丁火，可以鑽進丑土，是因為丑未相沖的緣故。由此可見，地支藏干是十分重要。

- 而且地支中的丁火見辛金，是「**傷官見官**」，不利姻緣。
- 年月相沖，主少年運限不穩。
- 行寅字大運，必須要與八字中相關的五行一併比較。一則寅是金的絕地；二則寅是火長生之地；三則寅是命主得祿之地。
- 於是形成夫星更弱，而日主更旺，不平衡的情況就更加明顯了。

所以說明，地支中的藏干，必須要逐一分析比較，絕不能夠輕易放過，因為很多重要的事情，都是藏在地支藏干之中。

論地支相合

子丑合　　寅亥合

辰酉合　　午未合

申巳合　　戌卯合

子丑合：

子丑合是丑土剋子水，是合中帶剋。

子水是合了七殺星；

丑土合了偏財星。

寅亥合：

寅亥合是亥水生寅木，是合中帶生。

寅木合了偏印星；

亥水合了食神星。

辰酉合：

辰酉合是辰土合酉金，是合中帶生。

辰土合了傷官星；

酉金合了正印星。

午未合：

午未合是午火生未土，是合中帶生。

午火合了食神星；

未土合了偏印星。

申巳合：

申巳合是巳火刑剋申金，是合中帶刑。

申金合了七殺星；

巳火合了偏財星。

戌卯合：

戌卯合是卯木剋戌土，是合中帶剋。

戌土合了正官星；

卯木合了正財星。

這種相合很多時都會用於生肖運程，例如生肖屬狗，遇見流年是兔年，就是戌命合卯年了，但很多運程書只知相合是吉，而不理解合了甚麼，現在知道了原來戌合卯是合了正官星，是利於婚姻、丈夫、工作、名氣，這樣，看生肖就論多了一個層次。

按地支六合是源於五星七政四餘的命宮起例：

立命子丑兩宮，以土星為命主星；

立命寅亥兩宮，以木星為命主星；

立命辰酉兩宮，以金星為金主星；

立命午宮，以太陽為命主星；

立命未宮，以太陰為命主；

立命申巳兩宮，以水星為命主星；

立命戌卯兩宮，以火星為命主星。

基於以上理論，演變而成為子丑合而化土，寅亥合而化木，辰酉合而化金，午未合而化火，申巳合而化水，戌卯合而化火的理論。

但子平是重於生剋沖合，天星重於命主星、命宮、角度，彼此判斷方法不同，所以無須要爭議化或不化。

最重要是留心六合就是有緣，但是有的六合是喜緣，有的六合是怨緣；六合就是糾纏，最忌是與官司有關的事；六合就是分析人事關係的利器。

下舉一例以說明之。

例：男命

卩	日元	劫	卩
丁	**己**	**戊**	**丁**
卯	**巳**	**申**	**酉**
乙杀	丙印	庚傷	辛食
	戊劫	壬財	
	庚傷	戊劫	

（巳申：刑合）

76	66	56	46	36	26	16	6
庚	辛	壬	癸	甲	乙	丙	丁
子	丑	寅	卯	辰	巳	午	未

巳申刑合，糾纏不清。

己土生於申月，傷官當令，秋天己土最愛丙火為生身，坐下巳火暖身，可用傷官生財，可惜月日申巳相刑相合，糾纏不清，兩失其用，日支為妻宮，壬水為妻星，是以此命於中年夫妻不合，糾纏不清，難分難解，必須要過了日柱運限，大約五十四歲左右，才能夠改變情況。

這個命的六合，很明顯就是合壞了用神。

《滴天髓》：

「出門要向天涯遊，何事裙釵恣意留」，就是說明了用神被合住，本欲發憤有為，但是用神被合住，而不能情向日主，有情反而無情，如有情人將用神糾纏不放，用神沉迷於美色逸樂，而不能為我所用。

「不管白雪與明月，任君策馬朝天闕」，更說明了刑合的化解方法，就是找到地支將刑合來沖開，六沖可解刑合。

論地支三合

三合局就是五行地支為長生、陽刃、墓庫之地。

長生就是五行開始成形成長；

陽刃就是五行最旺之處；

墓庫就是五行收藏，迴光返照之地。

三者都是通根有力之位置，合而成為三合局。

寅午戌三合火局

因為火長生在寅，陽刃在午，墓庫在戌。

申子辰三合水局

因為水長生在申，陽刃在子，墓庫在辰。

巳酉丑三合金局

因為金長生在巳，陽刃在酉，墓庫在丑。

亥卯未三合木局

因為木長生在亥，陽刃在卯，墓庫在未。

不單只三合局，即使是半合局都有力量。

例如：

寅午、午戌、寅戌，半火局。

申子、子辰、申辰，半水局。

巳酉、酉丑、巳丑，半金局。

亥卯、卯未、亥未，半木局。

三合局如果加上是月令旺氣，就是強之極的五行了，例如春天亥卯未木局，夏天的寅午戌火局，秋天的巳酉丑金局，冬天的申子辰水局，都是旺極。

要看三合局或半合局在命中的吉凶如何，就要看合局是喜神或是忌神，是喜神代表三人三事吉慶；是凶神則代表三人三事不宜。

例如：

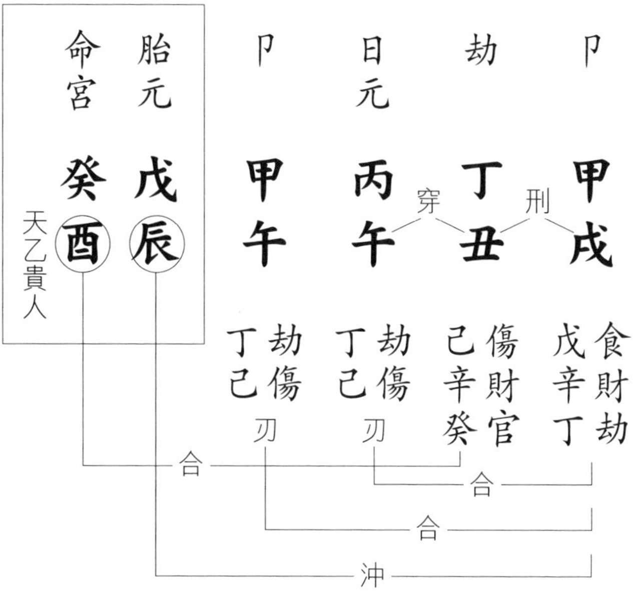

78	68	58	48	38	28	18	8
己	庚	辛	壬	癸	甲	乙	丙
巳	午	未	申	酉	戌	亥	子
					合火局		

已故影星林黛八字

丙火生丑月，傷官得令，冬令丙火本弱，但有兩甲、一丁，兩午火，丙見午火為陽刃，為旺極之位，再加上午戌合成火局，炎之太過，反而可以用月令最旺的丑土傷官為用，月令是最旺的位置，能夠用得到的，大致上都不是泛泛之輩，所以在演藝界成大名；而且成名為時極快速。

- 傷官得用，天生麗質，傷官本身就是藝術星，為人好動活躍，喜多姿多采，不喜單調，是以很多名藝人，都是命帶傷官。
- 自幼離父隨母，皆因印透而財傷（印為母，財為父）。
- 幼年從影，只因年月食傷為用。
- 比劫穿官星，夫妻不睦，夫惹桃花。
- 行甲戌大運，戌土再與原命合成兩午兩戌，雙重火局為忌，三十歲甲辰年，辰土沖太歲本命，刑丑月令，木再生火忌神，自殺身亡。

- 命宮在酉，是天乙貴人帶正財星，所以有極好的觀眾緣，人見人愛，更與月令合成半金局，對八字有很大的助益。

- 胎元是戊辰，辰土與本命生年的辰是六沖，埋下早夭之兆。

這是已故影星林黛之命。

論地支六沖

地支相差七位為沖，就好比天干相差七位就是七殺一樣道理。

凡沖，都是不穩定，看沖的是命主甚麼東西來論吉凶，並且要看在哪一柱相沖，都有特別意義。

古詩云：

破印破財並破祿，
破馬少曾為我福，
更加破合日時沖，
疾非手足即頭目。

總之，喜用神萬不可沖，忌神則沖之無妨。

子午相沖
丑未相沖
寅申相沖
卯酉相沖
辰戌相沖
巳亥相沖

子午相沖：

是子水沖午火，一般水剋火，但是火旺水弱則反而水被蒸乾，而火氣更猛，這就是《滴天髓》所說：「衰神沖旺旺神發，旺者沖衰衰者拔」的道理。

丑未相沖：

表面是土沖土，但其實是丑中辛金癸水，與未中乙丁相沖，一般而言是丑中辛金癸水勝，未中乙木丁火敗，但要看衰旺。

寅申相沖：

申金沖剋寅木，也是申中庚金壬水與寅中甲丙相沖，大多數情形是申勝寅敗。

卯酉相沖：

酉中辛金與卯中乙木相沖，多數情形是金勝木敗。

辰戌相沖：

辰中乙木癸水，與戌中辛金丁火相沖，一般而言是戌中辛金勝乙木；但辰中癸水又勝丁火，是各有勝負，看以何字為用，而論吉凶。

巳亥相沖：

巳中丙火庚金，沖亥中壬水甲木，巳中庚勝甲，亥中壬勝丙，又是各有勝負，必須要看何字為用，而論吉凶。

地支相沖是八字內的一個重要訊號，當中可以看到人生的生離死別事，很多時只需要圍繞住相沖的範圍論命，都可以講得到重點。

《滴天髓》：「天戰猶自可，地戰急如火」就是形容地支相沖的嚴重性。

例：男命

杀	尸（生母）	日元	傷
庚	**壬**（圈）	**甲**	**丁**
子（圈）	**午**	**戌**	**卯**
印 癸	傷 丁 財 己	才 戊 官 辛 傷 丁	劫 乙

（子午沖）

父有雙妻，生我者偏。

甲木命生午月，年月子午相沖，月令火旺，子水反而被蒸乾，令火益旺，子水為甲木之母，壬水又是甲木之母，但壬近身邊為親生之母，所以子水便是父親的其他女性，或前妻、或大媽，但此大媽與父不和或生離死別，因為午中有己土財星，在年月的財星，都是代表父親，父星沖母星，便有此事發生。

從另一個角度來看，這命在他自己三十六七歲之前，都會奔波勞累，運氣並不穩定，比如外出讀書、經常搬家、戀愛多變、事業多變等等……因為沖的是年月柱，而年月柱就是代表人生的是上半生，大約是在三十六七歲之前的歲數。

所以一組相沖、相刑、相害、三合、六合……我們要看的不是單一件事，而是自己發生的事、與及身邊人他們自己發生的事。

論地支相刑

（一）子卯相刑

無禮之刑，子水生卯木，母子相親但不和，於是謂之無禮之刑。

（二）寅巳申三刑

無恩之刑，寅木本生巳火，巳火本合申金，但又相刑是謂之無恩之刑。

（三）丑戌未三刑

恃勢之刑，丑中辛刑未中乙，未中丁刑戌中辛，丑戌未本同類，但又恃暗藏之神相刑，是謂之恃勢之刑。

（四）辰、午、亥、酉自刑

即辰見辰、午見午、亥見亥、酉見酉，是同輩之刑。

何以謂自刑呢？按地支基本可分為三種組合：

寅申巳亥為一組，當中有寅巳申三刑，而亥無刑；

辰戌丑未為一組，當中有戌未丑三刑，而辰無刑；

子午卯酉為一組，當中有子卯相刑，而午酉無刑；是以此四位，取為自刑。

刑的影響，是代表是非、不和、官司、爭執、官場政治、疾病、糾纏等事。

但若配合得宜，會代表權威，因為刑就是政治手段的行為。「**三刑得用，威振邊疆**」就是此意。

例：女命

印	日元	才	財
乙	**丙**	**庚**	**辛**
未	**戌**	**子**夫	**亥**夫
己傷	戊食	癸官	壬杀
乙印	辛財		甲卩
丁劫	丁劫		

未、戌 —— 刑

未、亥 —— 合

74	64	54	44	34	24	14	4
戊	丁	丙	乙	甲	癸	壬	辛
申	未	午	巳	辰	卯	寅	丑

戌未刑開火庫

丙火生子月，水旺火死，喜亥未合木局，助火有功，絕處逢生。

更愛未戌相刑，未為火餘氣，戌為火墓庫，燥土相刑火庫開，為丙火的通根點。

在自己而言，戌未刑有功；在婚姻而言，戌未刑有害。

- 此命自己兩次婚姻，因為亥子夫星兩現；
- 因為戌未夫宮相刑；其理淺而易見。

其母親三次婚姻，如何看得出來？

用轉盤就清楚，請參看下頁分析。

傷官見官（傷—官）

時	日	月	年
母親	傷	官	杀
(乙)	丙	庚	辛
未	戌	子	亥
己才	戊財	癸卩	壬印
乙比	(辛)杀		甲劫
丁食	丁食		

刑（未—戌）

74	64	54	44	34	24	14	4
戊	丁	丙	乙	甲	癸	壬	辛
申	未	午	巳	辰	卯	寅	丑

母親三次婚姻

本命以時干的乙為母親，就將視野放在乙木為中心點，就好比日元的看法一樣，排六神，乙以丙為傷官，乙以庚為正官，以辛為七殺，是母親「**傷官見官**」，必定離婚矣。

- 月上的庚金正官是母親的首次婚姻，因為有丙火傷官之剋制，是「**傷官見官**」必定離婚。
- 日支戌中的辛金是母親的第二次婚姻，因未戌相刑，未中丁火剋戌中辛金、未中乙木沖戌中辛金，是「**比肩爭夫**」而離婚。
- 獨存年上辛金七殺為第三次婚姻，雖無沖剋，但坐下亥水中有甲木，為情敵爭夫，會與一已婚或已離婚之人有緣分。

所以，只要用另一個角度去看八字，整個局面會有不同的理解，八字內每一個字，都應該這樣去考量。

論地支相害

子未害

丑午害

卯辰害

巳寅害

申亥害

酉戌害

六害主客之分

六害要分主客，分析如下。

子見未，是七殺來害子：是上司、女命的丈夫、男命的子女、是工作的壓力、是難去的疾病、是困擾的小人、是難纏的官司。

未見子，是偏財來害未：是男命的妻子、情人、是父親、是母親的情人、是不義之財、是女命的婆婆（丈夫的母親）。

丑見午，是偏印來害丑：是繼母、是男命的外父、是田產物業。

午見丑，是食神來害午：是下屬、是女命的子女、是男命的外母。

卯見辰，是正財來害卯：男命的妻子、是父親、是財富、是婆婆（丈夫的母親）。

辰見卯，是正官來害辰：是上司、是女命的丈夫、是男命的子女、是工作的壓力。

巳見寅，是偏印來害巳：是繼母、是男命的外父、是田產物業。

寅見巳，是食神來害寅：是下屬、是女命的子女、是男命的外母。

申見亥，是食神來害申：是下屬、是女命的子女、是男命的外母。

亥見申，是偏印來害亥：是繼母、是男命的外父、是田產物業。

酉見戌，是正印來害酉：是母親、是長輩、是外父、田產物業。

戌見酉，是傷官來害戌：是下屬，女命的子女、是男命的外母。

相害的原理，是沖我所合之神，例如子與丑合，但是未來沖丑，好比沖開我所愛之人，所以未就與子是相害。

《三命通會》：「六，六親，害，損害也，犯之，主六親上有損剋。」

「凡六害入命，大率主妨害孤獨，骨肉參商，財帛澹泊，女命尤忌。」

大致上六害是指六親的不和睦、損傷、疾病、以至夭亡的現象。

例：女命

	日元	父母宮	
甲	**丙**	**丁**	**甲**
午	**午**	**丑**	**戌**
丁	丁 劫	己	
己	己 傷	辛 財 ⟶ 父親	
		癸 官 ⟶ 丈夫	

（午之己與丑之癸：穿）

父母宮被穿害

- 月支丑與日支午相害。
- 丑為父母宮。
- 丑中有財為父親。
- 丑中有官為夫星。
- 是以此命父早離，夫不睦。

再以轉盤看丈夫，請參看左頁：

	財	才	
甲	**丙**	**丁**	**甲**
午	**午**	**丑**	**戌**
丁 才	丁 才	己 杀	戊 官
己	己 杀	辛 卩	辛 卩
		癸 丈夫	丁 才

穿　穿　刑

用癸水夫星排六神

以癸水之夫為中心：癸水上有丁火偏財為女人情人、以日支及時支的午中丁火為偏財女人情人、又以戌中丁火偏財為女人情人癸夫情人在四方八面都出現，午中有丁來穿丑中癸夫，是代表癸夫與女性有是非關連，因桃花劫而引起種種煩惱。

論地支三會方局

寅卯辰會東方木局
巳午未會南方火局
申酉戌會西方金局
亥子丑會北方水局
三會方是指五行氣聚一方，其力最猛，吉凶要看喜神或忌神。
請參看左頁例子。

例：女命

命宮	胎元	官	日元	杀	劫
丙	戊	丙	辛	丁	庚
戌	寅	申	丑	亥	子
		庚劫	己卩	壬傷	癸食
		壬傷	辛比	甲財	
		戊印	癸食		

（官與日元：合；丙與辛：合）

71	61	51	41	31	21	11	1
己	庚	辛	壬	癸	甲	乙	丙
卯	辰	巳	午	未	申	酉	戌

（申酉戌：西方金地）

會北方水局

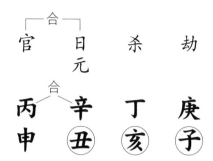

辛金生於亥月，會成亥子丑水局，洩氣之極，水多金沉，丙辛合化水本好，但有丁火相剋，化水不成，三十一歲前行西方金運，助水增寒，丙火夫星受制，夫子不就，直到癸未、壬午南方火地，助起夫星，並生一子。

若以轉盤看：

		兄弟姊妹	
夫星	財	劫	才
丙	**辛**	**丁**	**庚**
申	**丑**	**亥**	**子**
庚才（父）	己傷	壬杀	癸官
壬杀	辛財	甲卩（母）	
戊食	癸官		

（戊食—害—甲卩）

71	61	51	41	31	21	11	1
己	庚	辛	壬	癸	甲	乙	丙
卯	辰	巳	午	未	申	酉	戌

（巳、午、未：助起夫運）

轉盤看夫星運

丙火夫星為中心，生亥月身弱，依靠亥中甲木相生，但是亥申相害，是丙火的偏財與偏印相害，代表甚麼？就是丙火父母不全、或生離、或死別，就是說明這位女性，一定要嫁給一位父母不雙存的男性，才是她的真命天子。

丙火之夫，身弱又依靠丁火取暖互助，丁火是弟或妹，代表甚麼？代表有好的弟妹情。

當知道轉盤的方法，就知道誰人是妳的真命天子，有緣人。

論神煞

子平八字，源於五星，五星多用神煞，所以許多神煞，都帶進了子平系統之內。

雖然子平以五行生剋為主，論富貴窮通福壽，有自己的說法，但是論命時加入一點神煞的元素，對於判斷，可以更加精彩。

但是自古至今，神煞多如牛毛，除了七政四餘的五星外，在宋朝大行其道的「六壬神課」，神煞更多矣，有年的神煞、有月的神煞、有日的神煞……

神煞的創作，理應按照五行、八卦、《易經》的基礎為主，但是古時有些自以為是之徒，往往自己發明了一些神煞，而又沒有五行的理論基礎，於是只加以一些特別的名字，以便論命時可以鎮壓住來人。

因為，排八字每個人都是一樣，但是如果加入了很多形象化的神煞名稱，會給外行人一種很專業的錯覺。

我自己都會偶然用一點神煞，作為點綴，但總的都是要以五行強弱平衡及調候為主。

所以論八字，可以單論五行財官印六神，而勿論神煞；而不可以單論神煞而忽略五行財官印。

如果真的喜歡神煞星體，倒不如學「紫微斗數」或「七政四餘」吧！

下列是幾種常用的神煞：

天乙貴人

甲戊庚牛羊（丑未）
乙己鼠猴鄉（子申）
丙丁豬雞位（亥酉）
壬癸兔蛇藏（卯巳）
六辛逢馬虎（午寅）
此是貴人方

如甲戊庚天干，看見地支有丑未，就是天乙貴人，重點是：不一定用日干起，亦可以用其他天干起。

例如：女命

母親	日元	丈夫	
甲	**丁**	**癸**	**辛**
辰	**丑**	**巳**	**酉**
	甲木的天乙貴人	癸水的天乙貴人	日干丁火的天乙貴人

八字內各自帶貴

丁火日主，以酉為貴人在年；而以癸水夫星，以坐下巳火為癸水即自己的貴人。甲木為母，以日干丑土為貴人；則自己、丈夫、母親都帶天乙貴人。

天乙貴人源於大六壬，是六壬數中非常重要的神煞，主得貴人幫助及逢凶化吉，其中又再細分為日貴及夜貴；但是子平八字無必要細分，如後學有志研究，可以自己參考有關六壬課的書籍。

其中以自坐貴人的干支最為親切，六十甲子之中只有四日：

丁亥 帶官印貴人

丁酉 帶偏財貴人

癸巳 帶財官印貴人

癸卯 帶食神貴人

自坐貴人干支

丁亥：貴人帶正官正印，女性最為適宜，得好夫婿、享夫福。

丁酉：貴人帶偏財，男性最利，主得賢妻，並得女性緣分。

癸巳：貴人帶正財、正官、正印。男女皆宜，男得賢妻、女得貴夫。「財官印綬三般物，刀命逢之必旺夫」。

癸卯：貴人帶食神，利於文星及帶專業，並得好下屬晚輩，女命尤其可享子女福。尤為親切。

咸池桃花

申子辰雞叫亂人倫
寅午戌兔從卯裏出

巳酉丑躍馬南方走
亥卯未子鼠當頭忌

桃花當然是指風花雪月的感情生活。結識男女情緣。

驛馬

申子辰馬在寅
亥卯未馬在巳
寅午戌馬在申
巳酉丑馬在亥

驛馬星指出門及動態的事情。

例：

丙午	庚子	乙丑（日元）	甲申
咸池桃花			驛馬

桃花驛馬起例

乙丑日生以午為咸池桃花、午年生以申為驛馬。

天德貴人

正丁二未中（正月在丁二名月在未）
三壬四辛同
五戌六甲上
七癸八丑逢
九丙十居乙
子辰丑庚中（子月在辰，丑月在庚。）

月德貴人

寅午戌月見丙
亥卯未月見甲

申子辰月見壬

巳酉丑月見庚

天德、月德貴人都是有逢凶化吉的作用，在六壬課中，天月德可以化解官鬼，即是官司、疾病等事。

十靈

甲辰　乙亥

丙辰　丁酉

戊午　庚戌

庚寅　辛亥

壬寅　癸未

這十天干地支出生的人靈敏聰明，失明師傅經常用到，以日及時為重，年及月則較輕，但不知道出處及原理，亦有它的靈驗性。

例：

月德 庚寅 十靈	日元 丙辰 十靈	丁巳	戊戌

十靈日十靈時生

巳月以庚為月德貴人，逢凶化吉。

論天干生剋沖合秘密

子平之術，原理本來簡單。

天干與地支而已，但是最基本的東西，反而是最重要的東西，學者千萬不要以為簡單就隨便掠過，反而追求一些所謂深奧的理論，或者追求一些秘笈祖傳的東西，這些都是不切實際，如果理論基礎搞不好，就算是有天下的孤本秘訣，得到手都是枉然。

十天干：甲乙丙丁戊己庚辛壬癸。

天干要先論沖合的關係，然後才論生剋。

天干相沖：

甲庚沖

乙辛沖

丙壬沖

丁癸沖

戊己土無沖

相沖好比仇家，互相有排斥性。

天干相合：

甲己合

乙庚合

丙辛合
丁壬合
戊癸合
相合好比情人，互相有連繫性。

天干相剋：

甲乙剋戊己，
戊己剋壬癸，
壬癸剋丙丁，
丙丁剋庚辛，
庚辛剋甲乙。

天干相生：

甲乙生丙丁，
丙丁生戊己，
戊己生庚辛，
庚辛生壬癸。

能夠將天干的沖合生剋關係，配合六神，即財官印比劫食傷，就可以看得到人事上的千變萬化的恩怨情仇。

例一：男命

才	日元	比	財
妾			妻
甲	**庚**	**庚**	**乙**
○	○	○	○

合 合

沖 沖

從右到左，乙年庚月庚日甲時。

庚命以乙為財，兩庚合一乙，月干庚金合近，日干庚金合遠，一生正妻正財被劫奪；時干甲木被兩庚沖，日沖近，月沖遠，日干本命偏財勝於正財，偏妻勝於正妻。

例二：女命

才（剋卩）	卩	日元	財
甲 父	戊 母	庚（合乙）	乙 繼父
○	○	○	○

甲年戊月庚日乙時。

年上偏財剋月上戊土，偏財為父，偏印為繼母。父母不和再婚，時上乙木合庚命主，乙木可以代表繼父，並且自己一生財無絕。

六神轉盤方法

轉盤就是不以日干為中心，而是以其他六親為中心：

如想看姻緣，請以財星及官殺為中心起六神。

如果了解父母的情況，就以財及印星為中心起六神。

如果想了解子女運氣，就以食傷或官殺為中心起六神。

其餘兄弟姐妹、姨媽姑姐，總之是與命主有來往關連的，都可以用這種轉盤的方法觀測，而且十分應驗。

這就是古書所言：「四柱可觀九族，三元能知六親」的方法。

例一：

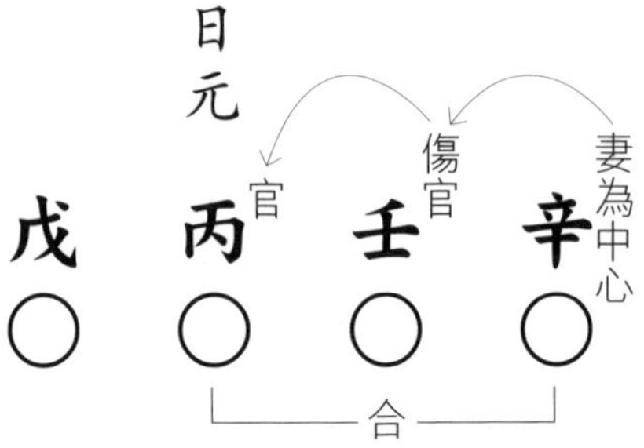

轉盤例一

辛年壬月丙日戊時。

丙火合辛金為正財妻星，為何會離婚？以轉盤法就可以看得一清二楚。

以辛金為中心，辛金以壬水為傷官，以丙火為為正官，變成「**傷官見官，為禍百端**」，看成為妻子是「**傷官見官**」，離婚或手術之格，清晰不過。

例二：女命

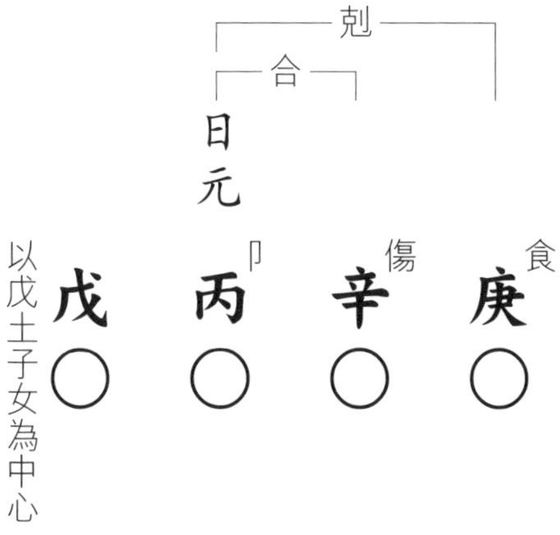

轉盤例二

庚年辛月丙日戊時。

丙火以戊為子女，看子女學業如何？

就以戊土為中心排六神。

戊土以庚辛為食神傷官，年月透出，本應是聰明能讀書，不過以丙火為偏印，剋合庚辛命，是變成「**偏印倒食**」，反而讀書不成了。

這種情形大多是因為父母用了不正確的方法教育子女，而令到子女無心向學，因為丙火變成了戊土的忌神。

所以一個年月日時，四柱八字，就這麼的數個中文字，為甚麼可以看到這樣多的人生喜怒哀樂、恩怨情仇、富貴貧賤等事情，原因就在轉盤的原理。

盲派八字定時

我自幼喜愛玄學，自少年時已經常拜訪坊間的玄學家，不論是文王卦的、算八字的、手面相的，都會去找機會學習，當時社會上有很多是在馬路邊或者自己在樓上住家經營的失明算命師傅。

現時在中國內地很流行一種「盲派」算命的方法。原因是因為過去在國內有幾位盲人師傅，算命算得十分出色，但都已經過身，而其中有些弟子，或有些不是真的弟子，都打住「盲派」的旗號，經營得頭頭是道。

盲人算命的方法，與一般的算命方法，最大的分別是着眼點在於六親的演繹，比如說多少兄弟姐妹、父母存亡、妻妾丈夫子女的數目等事情，都算得比較具體，當然還是要看個別師傅的造詣。

為甚麼他們這麼著重算六親呢？這是因為先要用作確定來人的出生時辰。古時沒有鐘錶，定時只用日規、或報更，而且中國地方很大，由上海到廣西一邊算，左右有四個小時的時差，所以要定好出生時辰，否則算命是不會準確。但是到了後來鐘錶面世，時辰不準的情況大大減少了，所以算六親定時這種方法，已經沒有以前那麼重視了。

為甚麼他們算六親比較清楚呢？我認為是失明人士因為看不見，而心思會比較靈巧，細心思量，經驗累積，口耳相傳，只傳自家失明人士，所以前人的經驗不會流失。

而一般明眼師傅，雖有方法，往往找不到傳人，又或者私心保留，以致真訣流失。

雖知道一些寶貴的算命經驗，不是一天兩月可以驗證，到考證得到結論時，往往已經是花甲之年，在找不到傳人的情況下，就將經驗訣竅帶進了棺材，這就是中國玄學容易失傳，與及不能更進一步如科學研究的方式發展，原因在此。

因為有些人找不到盲人算八字的方法，於是乎就出現很多「自以為是」的新方法，其中一種說法，就是認為盲派八字，不用找喜用神。

這點我不會認同。

在過去我接觸過的失明大師不少，其中有灣仔的馮炳光，馮師尤精於占文王卦，三言兩語，貴精不貴多，判斷吉凶肯定，算八字一樣先捉用神。

又有灣仔街市的羅錦泉；中環的黃金臺；與及很多都忘掉了名字的……幾乎一律都要先取喜用神，然後才判斷，而判斷結果，大都是十分準確的。

以上數位師傅，我都從他們身上學到很多有用而珍貴的算命方法，尤其是文王卦，基本上都是從他們身上學習得來。

由此可知，算八字的方法，都是有一條可以依循的道路，並沒有另外的特殊方法，方法都寫在《淵海子平》、《三命通會》、《窮通寶鑑》……等古籍之內，要有心人細心探求。

而且，算命並不單是只算六親，我認為只要能用算六親的方法來判斷時辰是否正確就已經足夠，其他的精神，用來分析來人將來要走的路，如何取捨、何時進退、職業取向、對象特徵、子女賢愚等事情，反而更為重要。

比如有一女命，不知是丑時或寅時生。

如丑時生八字如下：

（劫、殺：合；甲、庚：沖；庚：夫）

劫	日元	殺	才
乙	**甲**	**庚**	**戊**
丑	**申**	**申**	**子**
己財	庚殺	庚殺	癸印
辛官	壬卩	壬卩	
癸印	戊才	戊才	
夫之天乙貴人			

78	68	58	48	38	28	18	8
壬	癸	甲	乙	丙	丁	戊	己
子	丑	寅	卯	辰	巳	午	未

丑時生夫有兩妻

甲生申月，殺重而身輕，乙木劫財合殺，丈夫必定有情人小三，妳在先、她在後，而庚金之夫以丑時為天乙貴人，在社會必然有身份地位，詢問當事人，結果並不正確；然後可以再用寅時算：

食	日元	杀	才
	沖（甲、庚）	夫	
丙	**甲**	**庚**	**戊**
寅	**申**（情人）	**申**	**子**
己財	庚杀	庚杀	癸印
辛官	壬卩	壬卩	
癸印	戊才	戊才	

沖（寅、申）
沖（寅、申）

78	68	58	48	38	28	18	8
壬	癸	甲	乙	丙	丁	戊	己
子	丑	寅	卯	辰	巳	午	未

寅時生夫子兩難留

甲生申月，殺重身輕，寅時沖申月申日，日時對沖，夫子兩難留，丈夫子女非生離即死別，都不可依靠……而後有情人已有妻，相反她在先、妳為後，問之果然全數無誤了，原來來人是丈夫已喪於中年，至今並無子女……

至此，已經可以肯定是寅時出生，六親數的作用已經足夠，前事已應驗，當可以用這個準標，來推演未來的事情。

第二章　取用神與十神

取用神法（一）

算八字首重用神。

取用神的方法很多，但不外乎平衡與調候。

平衡就是看八字內五行的輕重，看日主與其他五行的比較，何者較多較旺？何者較少較弱？於是弱者要扶助，旺者要剋洩，取得中和，就是平衡法。

五行何謂有力？

（一）就是得時

分論如下：

春天寅卯辰月是木旺，甲乙木命就是得時。
夏天巳午未月是火旺，丙丁火命就是得時。
秋天申酉戌月就是金旺，庚辛金命就是得時。
冬天亥子丑月是水旺，壬癸水命就是得時。
四季月辰未戌丑倒數十八日內是土旺，戊己土命就是得時。

（二）就是通根得地

分論如下：

甲乙木命，而四柱地支有寅、卯、辰、亥、未，就是通根得地。
丙丁火命，而四柱地支有巳、午、未、寅、戌，就是通根得地。
戊己土命，而四柱地支有巳、午、未、辰、戌、丑、寅，就是通根得地。

庚辛金命，而四柱地支有申、巳、酉、戌、丑，就是通根得地。
壬癸水命，而四柱地支有亥、子、丑、辰、申，就是通根得地。

（三）就是得勢

得勢就是天干地支都出現較多的同類五行，或生我的五行。
甲乙木命，四柱看見甲、乙、壬、癸多。
丙丁火命，四柱看見丙、丁、寅、卯多。
戊己土命，四柱看見戊、己、丙、丁多。
庚辛金命，四柱看見庚、辛、戊、己多。
壬癸水命，四柱看見壬、癸、庚、辛多。

以上三項得其中一項就不為弱，得兩項就是強，得三項就是強之極，其中以得時為最旺。

不要單看日元一個字，要每一個字都要看清楚：

財是否強？

殺是否強？

食神氣勢如何？

劫財是否得令？

最好是：日元有力，而財、或官殺、或食傷，都有力，是最理想。

忌是：日元太旺，而財、或官殺、或食傷均無力，是最不宜。

例一：

傷 **己巳** 日元得祿

官 **癸酉** 財旺相

日元 **丙寅** 日元長生

才 **庚寅** 日元長生

身財兩旺，一生富足。

此命丙火生秋月，庚金偏財極上旺，丙火雖然失時，但是得祿於年支巳火，自坐長生，又長生於時，可以謂身財兩旺，所以一生享用不盡，利祿兩全。

例二：

比	才	日元	劫
乙丑	**己卯**	**乙亥**	**甲申**
才己 杀辛 卩癸	比乙 祿	印壬 劫甲	官庚 印壬 財戊

身旺財弱，一生貧寒。

此命乙木生二月，木旺之極，乙木自坐亥水長生，又透出甲乙木，可謂旺過度，己土偏財雖通根於丑，但弱土難敵旺木之剋，可謂身旺財弱之格，一生乏之財。

取用神法（二）

調候是重要的取用神的方法，其實是以大自然的氣候與特性來考慮，先賢韋千里就說過：

「春冬之命，大既喜火；夏秋之命，大既喜水。」

其實已經講出了調候的重點。

《滴天髓》內有寒暖及燥濕兩章，就是講調候的方法：

（一）寒暖

「天道有寒暖，發育萬物，人道得之，不可過也。」

分析如下：

西北為寒，如申酉戌亥子丑。

東南為暖，如寅卯辰巳午未。

木火為暖，如甲乙丙丁。

金水為寒，如庚辛壬癸。凡命內寒氣太多，行運遇見暖氣而發。相反，凡命內暖氣太多，行運遇見寒氣而發。

（二）燥濕

「地有燥濕，生成品彙，人道得之，不可偏也。」

分析如下：

過於濕者，滯而無成，何謂濕呢？如亥、子、丑、辰、申、壬、癸，帶水的天干地支多，就是濕的八字了。

過於燥者，烈而有禍，何謂燥呢？如寅、巳、午、未、戌、丙、丁，帶火的天干地支多，就是燥的八字了。

由於調候是以地方氣候為主要依據，所以要考慮出生者的地點來作調整，不可以一成不變。

例如：在中國中部出生，寒暖適中，就用正常的調候方法便好。

如果在極北地方出生，天氣嚴寒，冬天來得早而走得遲，則需要火調候的時間會比較長。

如果生長在南方地域，夏天來得早而走得遲，則需要水滋潤的時候會比較多。

而調候最重要就是水與火兩種五行，更加注重是丙火與癸水。

丙火是太陽之火，照暖萬物；癸水是雨露之水，滋潤萬物，一為陽之極，一為陰之極，互為因果，最利於生育萬物。

例：女命

官	日元	官	官
辛	**甲**	**辛**	**辛**
未（圈）	**子**	**丑**	**亥**
己財 乙劫 丁傷	癸印	己財 辛官 癸印	壬卩 甲比

未 —— 沖 —— 丑

72	62	52	42	32	22	12	2
己	戊	丁	丙	乙（圈）	甲	癸	壬
酉	申	未	午	巳（圈）	辰	卯	寅

寒木不生，火運完婚。

甲木生於丑月，地支會成亥子丑北方水局，天干三辛金增寒氣，幸生於辛未時，未為暖氣，中藏丁火乙木己土，有暖木溫水之功效，並且在香港出生，香港是南方之地，近赤道而火有氣，若生北方則未中丁火難存矣。

行運三十二歲之前東方木運本好，可惜經壬、癸、辰皆為濕運，益增寒氣，是以婚姻未就，事業運程也是梅花間竹，時好時壞，直至乙巳運內，三十五歲丁亥年，運入南方，方覓得如意郎君，這正就是調候的力量。

取用神法（三）

十干特質喜用

十干本身有自己的特質，有特殊的喜用神，這一點是非常重要的考慮因素。

甲木不離庚金，好比木材需要用斧頭削木，以成為有用的木材器具——身弱用水生；身強用庚金。

乙木不離丙火癸水，乙為花草之木，最需要是太陽照暖，雨露滋潤——身弱用癸水，身強用丙火。

丙火不離壬水，丙為太陽，壬為江海，陽光將水分蒸發成雨水，滋養大地，生生不息，以形成一個良性循環——身弱用木生，身強用壬制。

丁火不離甲木，丁火好比爐火或燒烤，最需要乾木柴頭來燃點——身弱用甲生，身強用庚金。

戊土不離甲木，戊土是山崗之地，土實土乾，寸草不生，不能化育大地，最利於種植大形樹木，形成樹林，有利於動植物及生態環境——身弱用丙火，身強用甲疏。

己土不離丙火，己是濕土，本身含有水性，是以最愛陽光照暖，令土質乾濕適中，可以種植花草樹木——身弱用丙火，身強用甲木。

庚金不離丁火，庚金好比金屬鋼鐵材料，需要用燒焊之火鍛煉，成為有用的鋼材——身弱用土生，身強用丁火。

辛金不離壬水，辛金為小五金屬，好比珠寶金砂粒，埋在土中，最需要用水來沖刷，使得晶瑩通透——身弱用己土生，身強用壬水。

壬水不離丙火，好比江河之水，被太陽照耀，蒸發水分，形成雨水，滋養大地萬物——身弱喜金生，身強喜戊土。

癸水不離辛金，癸為雨露之水，好比現代的自來水，用金屬的水龍頭傳送，就最容易理解——身弱喜辛生，身強用戊土。

例：女命

（戊、癸合）

財	日元	傷	卩
戊	**乙**	**丙**	**癸**
寅	**未**	**辰**	**未**
甲劫	己才	戊財	己才
丙傷	乙比	乙比	乙比
戊財	丁食	癸卩	丁食

80	70	60	50	40	30	20	10
甲	癸	壬	辛	庚	己	戊	丁
子	亥	戌	酉	申	未	午 合	巳

乙木不離丙癸

乙木命生辰月，春木有餘氣，並且通根於未庫，時落戊寅助身，乙木不弱，丙火透出，通根於寅、未，八字為燥熱，乙木雖強，仍愛癸水調候，而且乙木本質喜癸水、丙火，用神在年月干，是以早歲演藝成名。

可惜原命戊土合癸，用神受制，行己未運，己土剋癸，婚姻離異，晚行水運，有財有壽，此為一著名女演員。

取用神法（四）

論金

春天值囚

喜：初春餘寒未除，喜火暖，喜土生，既見火，更喜金來助身，無火單有金助只會增寒。

忌：水來增寒，木來弱金。在辰月下半月土生金不為弱。

夏天值死

喜：喜薄土生金，喜金助身，喜水潤金。

忌：木多弱身，火多傷身，土重金埋。未月下半月，土來生金不為弱。

秋天值旺

喜：喜火煉秋金，喜水洗金，喜木為財。

忌：忌土多污金，忌金助過剛則缺。

冬天值休

喜：冬水寒喜土制水，火來溫土生金。

忌：水旺則金沉，木多則弱金，金多亦增寒。

在丑月下半月，土來生金不為弱。

論木

春天值旺

喜：寅月餘寒未除，喜火暖，喜薄土為財。卯月後木旺喜金，辰月下半月漸熱而喜水潤。

忌：初春寅月木嫩忌金剋，又忌水多則浸壞根枝，忌木多為劫財。

夏令值囚

喜：根乾葉枯喜水潤，喜薄土培木，略見金有琢削之功。

忌：火多木焚，土多木折，金多木殘。

秋令值死

喜：水生木，木助木。戌月下半月忌水多則木浮。

忌：金多則剋木，土多則木折。

冬天值相

喜：喜火來暖木，喜土培木之根，金亦不忌。

忌：水多則木浮，木多亦無功。

論水

春水值休

喜：初春水多仍泛濫，喜土制水，火來暖水，卯月起水漸弱，喜金來生水。

忌：初春水多則泛濫，初春忌金生水。木多則洩氣，土多則水塞。

夏水值囚

喜：夏水乾涸，喜水助，喜金生。

忌：火旺涸水，木多洩水，土多剋水。

秋水值相

喜：金生水為金白水清，火多暖身則財旺，木多洩水亦好。

忌：土多則濁水，水多則泛濫。

冬水值旺

喜：火暖身為財，土制水為官，木洩水有情。

忌：水多則泛濫，金多則無義。

論火

春火值相

喜：初春猶寒，喜木生火，但木不宜多，喜水濟火，喜金為財。

忌：木多則火燥，土多則埋光。

夏令值旺

喜：水濟火為首要，喜金生水，有水濟則土來亦喜。

忌：木助則必招自焚，火助則金燥土焦。

秋火值囚

喜：木來生火而復明，火來助則光輝。

忌：水來剋則隕滅，土重則掩息光輝，金多亦損火勢。

冬火值死

喜：喜木生火，火助火，則寒谷回春，再加土助更佳。

忌：金水增寒，水寒土凍，並不適宜。

論土

春土值死

喜：火生土並暖身，土助土則聚氣，木多則喜金來制木，但金多則洩土氣。

忌：木來剋土則土散，水多則土蕩，金多則洩氣。

夏土值相

喜：水潤土最佳，金來生水利妻財。

忌：火來助土焦赤無益，木助火炎不利，土來助身閉塞不通。

秋土值休

喜：火多最喜，土助亦宜，戌月下半月則不需土助。

忌：金多洩土氣，水多則土蕩，木來剋土亦不宜。

冬土值囚

喜：喜火多生土暖身，土來助身尤佳。

忌：金來洩土，水來蕩土，木來剋土。

例：

傷	日元	印	印
丙	乙	壬	壬
子	亥	寅	寅
癸卩	壬印 甲劫	甲劫 丙傷 戊財	甲劫 丙傷 戊財

80	70	60	50	40	30	20	10
庚	己	戊	丁	丙	乙	甲	癸
戌	酉	申	未	午	巳	辰	卯

初春乙木喜火暖

乙木生於寅月寅年，劫財助身，而且坐亥水木長生之位，時落子時又助身，乙木旺而強，喜丙火透出時干為用，傷官得用，早歲演藝成名，中行火運，演藝生命綿長，這就是身強喜洩，兼且乙木最喜丙火，一神二用。

此是一位有名有利的男演員。

論用神不現

子平法中以五行為主，而五行其實是人生過程之中，所遇到的人與事，妻財子緣、愛人、上司、子女、父母等，都可以在五行之內找得到，所以五行齊全的命，就代表人生之中的基本元素具足。

相反，五行不齊全的命，人生一定有缺失的地方，只要看這五行是命中的那種六神，便可以定義。

缺少正印、偏印：與母親、長輩、物業等人與事有關連。

缺少正財、偏財：與妻子、父親、財富等人與事有關連。

缺少食神、傷官：與子女、晚輩、學生、學業等人與事有關連。

缺少正官、七殺：與丈夫、情人、上司、壓力、疾病等人與事有關連。

缺少比肩、劫財：與兄弟姐妹、朋友、情敵、小人等人與事有關連。

命中缺的五行，再看行大運時有沒有補足；不過要留心，大運中出現所欠缺的五行，往往是吉與凶十分極端，尤其是相關的六親，影響最大。

一般論命，五行齊全的佔大多數，五行不齊全的佔小部分，但遇見五行不全的命，都要打醒十二分精神。

請參看下頁命例。

例：女命

命宮	胎元	傷	日元	傷	卩
己	**癸**	**壬**	**辛**	**壬**	**己**
巳	**亥**	**辰**	**卯**	**申**	**卯**
天剋地沖		戊印 乙才 癸食	乙才	庚劫 壬傷 戊印	乙才

75	65	55	45	35	25	15	5
庚	己	戊	丁	丙	乙	甲	癸
辰	卯	寅	丑	子	亥	戌	酉
			壬剋合丁	傷官見官		合卯結婚	

原命夫星不現，吉凶要查大運。

坐在面前的女士，面帶倦容，但我看命，都以八字為主，不會被來人的外表或衣著所影響；但她的倦容，不問而知是運氣出了一點問題。

我細看八字：

辛金命生申月秋令身旺，忌土生金，喜水洩金，文星洩秀，為人聰明，亦愛卯木為財，以壬水卯木為喜用，五行缺火，雖夫星不現，看夫宮為用神，夫妻感情深厚，恩愛之極。

「雖八字無夫星，但夫妻恩愛，二十至二十四歲左右，必定成就姻緣運的。」

這是因為行甲戌運，戌中有丁夫，合夫宮而結婚。

「由二十五歲起家庭事業兩如意，日漸進步。」

　　這是因為行乙亥運，壬水得祿，乙木坐亥水長生，家庭財祿兩稱心，前途無限，女命行財運而旺夫。

　　「從三十五歲起，必須留心，家宅不穩定，非病痛必是非……」

　　這是因為行丙運三十五歲起，原命無火而見火，但可惜原有壬水，是**「傷官見官」**。其人之夫開始有心臟病。

　　「從四十五歲，這大運更不利於夫星，必須事事小心，以健康為重……」

　　原來這女士的丈夫在她五十三歲時，死於睡夢之中。

　　這是因為四十五歲丁丑運，丁火坐丑洩氣，原命兩壬合剋，五十三歲流年壬申，壬水得祿，剋去丁火八字用神，夫星被剋無焰的緣故。

　　但凡用神不現的命，我們可以參看胎元、命宮，很多時都會有很大的啓示，這種情況，就好比文王卦，用神不現，要看月令與日辰的道理一樣。

這八字胎元是癸亥。

這八字命宮是己巳。

命中無官殺，如果命宮胎元出現官殺，就可用這個官殺為夫星，今立命巳宮正官，就可以作夫星看，但可惜胎元癸亥，與命官的己巳是天剋地沖，又是傷官見官，凶物深藏，已經道破了玄機。

正官

剋我者不同陰陽，叫正官，雖然剋我，但是陰陽相配，是相剋而有情義，是為之正官。例如：甲見辛，即辛金是甲木命主的正官。

十天干	正官
甲	辛
乙	庚
丙	癸
丁	壬
戊	乙

十天干	正官
己	甲
庚	丁
辛	丙
壬	己
癸	戊

正官星，雖然來剋我，但是陰陽不同，是好比男女相遇，有相吸相合的現

象，所以好比我的上司，雖然管我，但是有方法及制度，而令我服從，又可以利用我的專長，互相幫助。

又好比古代女子的丈夫，雖然管束她的行為，要聽命於一家之主，但也是相愛有情，提供財祿或者社會地位，尤其是古代女子不會有自己的事業及工作，所以一生的榮辱，都由丈夫而來，所以最重官星的喜忌：官星為喜用神，則嫁好夫及旺夫；官星為忌神，則嫁壞夫及傷夫。

古代社會，最重看官星，因為是君主制度，官星得用、官星有力、官星近身、自身又身主中和，就可以在朝廷謀取一官半職，而一生富貴，衣食無憂，在社會有地位，澤及家人。

現代社會改變，官星得用，大都是在大公司、政府機構工作，官星有力的，可以成為領導或者管理層，但比起從商發達的，又是不同的路向。

而女性，以官星為丈夫，只要一位，不要多現，多現則一生必經歷多次感情生活，或重婚，婚姻事情相對複雜。

官星太弱、官星受破壞，都難有美滿婚姻。

最理想是單一官星，近在日干左右，而官星旺相有力，或官星通根，最好月令就是正官，而日主本身當然要中和有氣，便是人間享盡丈夫福氣的人，一生人坐享丈夫的財富地位，成為知名人士的富貴夫人，亦即是「旺夫命」。

正官是貴氣之物，最怕是傷官星，兩者相遇，叫做「**傷官見官**」，為禍最烈，常人遇見必定要惹官非、工作煩惱、轉工作、換上司；女性則必定有婚姻煩惱，感情上有生離死別的事情出現。

正官星又怕刑沖破害，代表丈夫、或上司、或男命的子女，運氣出現阻滯問題。

正官又怕出現太多，女命必然重婚，感情煩惱；工作阻力，皆因上司太多，難以專心一意地發揮，以致「順得哥情失嫂意」，兩邊不討好，影響事業發展。

例：男命

比	日元	財	卩
甲	**甲**	**己**	**壬**
子	**戌**	**酉**	**辰**
癸印	戊才 辛官 丁傷	辛官	戊才 乙劫 癸印

（甲己合；戌辰沖）

74	64	54	44	34	24	14	4
丁	丙	乙	甲	癸	壬	辛	庚
巳	辰	卯	寅	丑	子	亥	戌

月令官星，旺而有力。

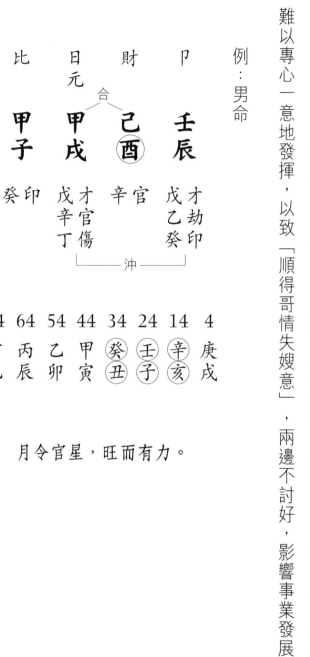

此命甲木生於酉月，正是正官星當命。這個月令，在八字之內，影響最大。

書云：「用神先尋月令」。看這個月令是甚麼？月命是金。

那麼日主是甚麼？是甲木。應該是以月令為先，日元只是八字內的其中一部分，這樣理解，就容易看到一些與別不同的東西。

甲木身弱，能不能用這官星呢？就要看有沒有幫助甲木的元素。

這命生於壬辰年、甲子時，壬水通根辰庫及子水，甲木通根於辰，身不為弱了，只是官星旺極，但是日元有根，可以承受官星矣。

行運由十四歲起辛亥、二十四歲壬子、三十四歲癸丑，一路北方水運，扶起弱木，承受官星。

這是一位香港政府高官的八字，後移民外國，皆因為年日辰戌相沖之故。

假如這是一個女命，她就必定旺夫發達而享夫福了。

七殺

剋我者同陰同陽是七殺。例如：甲見庚，即庚金是甲木命主的七殺。

十天干	七殺
甲	庚
乙	辛
丙	壬
丁	癸
戊	甲

十天干	七殺
己	乙
庚	丙
辛	丁
壬	戊
癸	己

七殺星基本上是凶星，剋制我而無情之剋，同陰陽相剋是無情，不留情面，所以凡命見內七殺近身、七殺旺相、七殺多現，大致上一生人都會經常承擔有

形無形的壓力。

有時來自工作、

有時來自感情、

有時來自疾病、

有時來自子女……

要看八字的結構、時間及大運來分別是哪一種情況。

所以看命如果看見有七殺在命，就應該先要看看這個七殺，有沒有影響到命主，能否有化解？能否有剋制？才研究其他的情況，是為之首要任務。

《淵海子平》：「七殺，即小人，小人無知多凶暴，無忌憚，乃能勞力以養君子，而服役護御君子者，小人也」，指小人雖無知，但是小人多為君子權貴所用。

「唯是不懲不戒，無術以控制之，則不能馴伏而為用。」意指七殺必須要控制，如何控制？是用食神去抵禦，就是有名的格局：「**食神制殺**」。

「**食神制殺**」的組合，以甲木為例，甲木以庚金為七殺，七殺剋身為害，如果出丙火食神，將庚金七殺制服，則可以為我所用，成就事業功名。有時亦可以用傷官制伏七殺，但首要是日元有力，才可以被食傷洩氣去制化七殺。

亦有時可以用印星化解七殺，也是一個有名的格局「**殺印相生**」，尤其是在日元較弱的時候，「**殺印相生**」主一生人福大命大，很多時是得到天時與地利，時勢造英雄，而得到名與利。但是「**殺印相生**」是比較被動地行好運，並不是按照自已本來的計劃而成功，往往是「無心插柳柳成蔭」。

七殺是專橫上司；

是志趣不同的丈夫或情人；

是無情的疾病；

是難以管教的兒女；

是打官司的對頭人；

是自尋煩惱的情緒；

是仇恨報復的心態；

是沒完沒了的工作壓力……

如果命中有制化，七殺可以化凶為吉，借助小人的力量，成就事業功名，要知道社會上很多有名有利的成功人士或者政商界名人，都要承受很大的環境及輿論的壓力，或者有很多不為人道的辛酸，因為經歷了很多困難險阻，而成就後來的成功，這就是七殺的特質。

七殺是男命的子女：

七殺無制，子女反叛；

七殺有制化，子女必定成才。

七殺是女命的丈夫或情人，加果以七殺為夫：

七殺無制，受夫所欺；

七殺有制化，享夫之福。

請參看以下命例。

例：女命

（年干庚與時干甲：沖）

杀	日元	比	食
甲	**戊**	**戊**	**庚**
寅	**寅**	**寅**	**子**
甲杀	甲杀	甲杀	癸財
丙卩	丙卩	丙卩	
戊比	戊比	戊比	

75	65	55	45	35	25	15	5
庚	辛	壬	癸	甲	乙	丙	丁
午	未	申	酉	戌	亥	子	丑

（25 乙亥）七殺得生，夫妻分離。

戊寅日生人，殺印相生。

戊土生於寅月，春木旺剋弱土，兼且初春氣候仍寒冷，是以最愛丙火：一則可以洩木而生戊土；二則解寒調候，但是八字沒有明火，只有用寅中三點丙火，所以戊土，弱而有根。

古書云：「甲申、戊寅，真是殺印相生」，正是這種情況。

庚金雖然可制甲木七殺，但畢竟是春木旺、春金柔，殺重身輕，兼且戊土身弱，一則被甲剋；一則被庚洩，是為之剋洩交加。於是以七殺為忌神，所以此命離婚。

離婚時間，是二十五歲起乙亥大運內，乙木合去庚金，使甲木直剋日主；亥水生木，忌神當道，夫妻中道分離。

正印

生我者不同陰陽為正印。例如：甲見癸，即癸水是甲木命主的正印。

十天干	正印
甲	癸
乙	壬
丙	乙
丁	甲
戊	丁

十天干	正印
己	丙
庚	己
辛	戊
壬	辛
癸	庚

陰陽相生為有情正配，所以用正印星為生母，是我的親生母親，是保護我的東西，所以是房屋。

但凡命中有印星生身，為命中所用的，一生人之中總能夠得到母親、或長輩的安排與幫助，而得到成功，並且有承繼的命運，例如：承繼父母長輩的財產物業；承繼別人或長輩的公司業務，我稱之為：「**大樹傘蔭格**」，意即一生人都會受到別人的安排或保護。

《淵海子平》：「人生得物以相助相養，使我得萬物之現成，豈不妙乎？多是受父母之蔭，承父之貲財，現成安享之人……又主一生少病，能飲食豐厚，享現成財祿。」

兼且，用印生身的人，物業運都相當好，投資物業長遠都容易獲利。

有一種貴格叫「**官印相生**」，要知道古代是帝制社會，人生的最高發展是當官近在君王側，食朝庭俸祿，所以有正官生正印，正印生自己，順序相生，一則有正印的安排，不用大費周章；二則又不用被正官星所剋制，是謂之「坐享其成」，在現在而言，大多是大公司、或者是政府的高層人員，亦可以承繼父母的事業，而可以發揚光大。

正印最怕財星來相剋，是「**財星破印**」格。

例如甲木受癸水相生，享受餘蔭，但有戊土偏財來合走癸水，或者己土正財來剋制癸水，使癸水無力生甲木，大凡這種格局，必然會因貪財而惹上是非災禍，破家離祖，或者官災失職，或夭其壽。

正印是代表舒適的環境，正印受財剋，是環境變壞，很多時是被迫遷、被去職等事情。

童年少年有這種格局，例如行財星大運，切勿以為是童年發財，相反是變成「**財來破印，父母分離**」的格局，父母必然要離婚。

中年行財運來破印，但很多時是反映母親受災疾病。

而公職之人，最怕「**財星破印**」，現象就是清廉的公職人員，會賄賂貪污而影響前途，甚至惹上官災。

化解方法是找「正官」，即是要找一些在位而且有權力的官員，才有機會化解，因為財去生官、官去生印，印來生身順序相生便可化凶為吉。

請參看下頁命例。

例：女命

（乙、庚合；戌、辰沖；辰、子合）

劫	日元	杀	杀
乙	**甲**	**庚**	**庚**
亥	**戌**	**辰**	**子**
壬卩 甲比	戊才 辛官 丁傷	戊才 乙劫 癸比	癸印

73	63	53	43	33	23	13	3
壬	癸	甲	乙	丙	丁	戊	己
申	酉	戌	亥	子	丑	寅	卯

水運（亥、子、丑）

合而解沖，逢凶化吉。

甲木生於辰月餘氣，並通根於亥時，日元不為弱，能任庚金之殺，但庚金兩現，並且辰戌沖夫妻宮，按理不利婚姻，不過，年支子水：一則洩年干庚金，使其去一留一；二則合辰，解辰戌之沖，如此子水之能力大極矣。

這種取用神方法，不是以旺弱、平衡為主，而是以「病藥」為主取用神，正是「有病方為貴，無傷不是奇，格中如去病，財祿喜相逢」。

行運二十三歲起，一路丁丑；三十三歲丙子；四十三歲乙亥，一路北方水運，結婚、生子、自己事業，都得到平衡發展。

偏印

生我者同陰同陽是偏印。例如：甲見壬，即壬水是甲木命主的偏印。

十天干	偏印
甲	壬
乙	癸
丙	甲
丁	乙
戊	丙

十天干	正印
己	丁
庚	戊
辛	己
壬	庚
癸	辛

偏印雖然生我，但是同陰同陽，非正配，相生而有保留，不及正印的陰陽不同，正配相生，所以偏印很多時是代表繼母、庶母所出，亦代表不正常童年

環境長大，例如：

單親家庭；

父母離異家庭；

私生子女；

偏生庶出；

不跟隨父母長大的，有時是隨婆婆、兄姐、姨媽等……都入於此類。

由於很多時有以上的情況出現，以致自小思想及個性，都有一種不同的發展，引而申之，會有比較強烈的宗教、心理、哲學的思想，有時會有比較孤僻的性格。

但是如果日元太弱，有偏印相生都總是好事。

偏印又可以化解正官七殺的剋制日主，尤其是七殺的無情相剋，必然一生都有小人、疾病之事時常出現，女性更主夫妻感情不合，不論身強或身弱，都要先把這七殺處理好，而「**偏印化殺**」，就是其中一種方法，而且比較舒服，因為用印的人，不論正印或偏印，都是有很多時候是有人代為安排處理，或者因環境的改變，而將問題解決了，正是「船到橋頭自然直」，不必花費心力而成。

相反，身強當然不愛偏印，尤其是女性，更不喜偏印，因為偏印的天性是無情的剋制食神及傷官，而食神傷官就是女人的子女，這種格局也是有名的：「**偏印倒食**」，又叫：「**梟神奪食**」。

梟，相傳是一種食自己母親的禽鳥，意指是骨肉相殘，這種格局，女性容易小產，生產不順利，為子女事而操心。

而且，不論男女，有「**偏印倒食**」格局的，都會容易有破相，例如手術、意外、眼目傷或長期病患……等等，所以必須要小心身體。

表面上，偏印好像不如正印，但是實際上，有些情況是喜愛偏印多於正印：

乙木日干為柔木，喜癸水偏印滋潤，不喜壬水沖洗；

丙火命而八字內水太多，喜甲木偏印陽木吸水力強；

戊土命而生秋冬寒濕太重，愛丙火偏印暖身解寒；

庚金命而命中水多，喜戊土偏印為陽土，止水力強大。

總之，命中水多就喜甲木、丙火、戊土為先，不論正偏印；

命中火炎土燥，就以癸水為先，即使偏印亦喜。

十干各自有它的特質，是取用神的首要考慮。

例：男命

胎元	卩	日元	杀	才
癸	甲	丙	壬	庚
酉	午	戌	午	戌
天乙貴人	丁劫 己傷 刃	戊食 辛財 丁劫	丁劫 己傷 刃	戊食 辛財 丁劫

沖（甲午—庚戌）；合（甲—丙午戌）；合（壬—庚午戌）

71	61	51	41	31	21	11	1
庚	己	戊	丁	丙	乙	甲	癸
寅	丑	子	亥	戌	酉	申	未

陽刃旺極，偏印為忌。

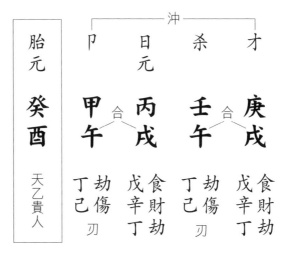

丙火生於午月陽刃格，是一年之內火最旺之月份，又生於午時陽刃，是一日之內火氣最旺之時，午戌兩合火局，使庚金銷熔，雖庚金透頂坐戌，其力弱極了，火旺金已有熔金的情況，加以甲木偏印生火，助紂為虐，不但生火，更加沖庚金而洩壬水，壬水本身不通根地支，本身已經有乾涸的情況，更加有偏印來洩氣，正是「屋漏更兼連夜雨」，所以偏印之為忌，令人慨歎，是以此命，妻緣極弱，本身亦不信任婚姻，主要是與男性朋友往還。

這命若果找得到外地情緣，方有結婚機會，這是因為胎元是癸酉，秋天受胎，金水有氣，正財生正官；而且，酉是天乙貴人，癸水可以潤燥，有起死回生之功。

正財

我剋者不同陰陽是正財。例如：甲見己，即己土是甲木命主的正財。

十天干	正財
甲	己
乙	戊
丙	辛
丁	庚
戊	癸

十天干	正財
己	壬
庚	乙
辛	甲
壬	丁
癸	丙

八字中的吉凶星之中，以正財星的作用最大，尤其是在現代以商業掛帥為主的社會。

在《三命通會》這一本明朝的命理鉅著中，論到正財星，有十分精密的見解：凡人命中正財星出現而明顯的，主人誠實，行事儉約，賦性聰明，惟較慳吝，這種看法是十分之正確。

如果正財旺相有氣，一生人都會優游而享福，一生財祿豐足。

但是如果是財星太旺，而命主太弱，就是「**財多身弱**」，反而得不到財富，又或者是外表風光，但實際上是為錢財的周轉而引起煩惱，所謂「身光頸靚，周身無銀」。又或者是衣食住行各樣，都是別人所提供，而自己根本沒有一丁點決定權的，也是此類。

最怕是「**財星遇劫**」，此人必定為財所困，是「餐搵餐食餐餐清」，財富不能累積。

最好是財星與日主都是旺而有氣，是「**身財兩旺**」，一生人財祿充足，即使有為財煩惱的時候，亦都可以很容易得到解決的方法。

其次，要看正財星出現的位置：

財星在地支為落地有根較好；

在年支代表祖上富貴；

在月支是得時最旺；

在日支是得位；又叫「垂手可得」，也十分得力；

在時支是謂之有成，晚年不缺錢財。

而最重要是原命八字有正財星，是叫做有根，即使只一點，到行運時幫助起正財星，便可以得到錢財而發富，生活環境得到改善。

而八字內無正財星，而在行運時出現正財星，是為之「有名無實」，很多時是「賺得來時花得去」，只是過眼雲煙，金錢不能得到累積。

例：男命

劫	日元	劫	官
庚	辛	庚	丙
寅	丑	寅	午
甲財	己卩	甲財	丁杀
丙官	辛比	丙官	己卩
戊印	癸食	戊印	
天乙貴人		天乙貴人	

（辛丙合；寅午合）

72	62	52	42	32	22	12	2
戊	丁	丙	乙	甲	癸	壬	辛
戌	酉	申	未	午	巳	辰	卯

財旺月令，身強必富。

時為一九九五年，眼前坐下了一位九十歲的男長者。

我對長者的命理，是十分之有興趣的，在工作過程之中，無疑是上了一場很寶貴的算命經驗，例如他的人生過去是怎麼樣，已經成了一個定案，一則可以檢驗這個八字是否正確；二則可以增加對以前的社會情況、婚姻習俗，以及他本人的人生體驗的認識，這不是從書本上可以學得到的東西。

辛金生在寅月，是正財星也是天乙貴人，「**財坐月令，早晚必發**」，至於何時發財，就要等待行大運的時候；也有一些是發不起來的，就要看其他的因素，不過都是能發富的比較多。

我對他說：「你一生不缺財。」

長者說：「這是對的，我的父母是商人，生意做得不錯。」

再加上年月是長輩父母宮，肯定不是窮人出身。我再補充說：「而且你能夠承繼你父母的產業，兼且能夠發揚光大，況且，這些父母餘下的財富，已經可以令到你不用工作，並且可以豐衣足食。」

他想想再說：「我拿着父母的一些餘蔭，自己在上海，做生意及投資，要知道當時的上海，所謂十里洋場，只要把握到機會，就可以一發如雷，我當時就把握到時機，賺了很多錢。」

這是因為辛金坐下有丑土相生，生我者印，是父母、是遺產、是承繼、是物業之星，在春天木旺金弱之時令，正好合用。

一般人看這個命是劫財透露，發不了大財，但要知道這個命的財星在月令是最旺，錢太多太旺，反而需要朋友來分擔，就好像現代社會的合資經營，有時項目太大，倒不如上市集資，有錢齊齊賺的情況是一樣的。

偏財

我剋者同陰同陽是偏財。例如：甲見戊，即戊土是甲木命主的偏財。

十天干	偏財
甲	戊
乙	己
丙	庚
丁	辛
戊	壬

十天干	偏財
己	癸
庚	甲
辛	乙
壬	丙
癸	丁

如甲木見戊土、戌土、辰土、寅中戊土、巳中戊土、申中戊土、都是偏財星，當然以戊、戌、辰為戊土的本氣比較旺；以寅、巳、申的戊土為餘氣比較弱。

當中財氣多少，都要考慮是本氣或餘氣。

偏財是指一些意外收穫的財富，可以是投資、可以是別人相贈、可以是抽獎、可以是金融、股票、收藏品之類。

偏財又可以是父親。這是因為（以甲木為例）：

甲木以癸水生我為正印是親生母親；

癸水以戊土剋癸為正官星為丈夫；

而戊土是甲木的偏財星；

所以偏財星就是甲木的父親了。

偏財又是男性的偏妻，古時是妾，現代來說就是親密的女性朋友。但凡男命，如果命主中和有氣，而正財、偏財有力，而親近日主，大都桃花運旺，女性朋友多多，或者有多重婚姻感情事。

如果命主太弱，則反而不能承受桃花，有反而無。

偏財的看法都是一樣，最重要是日主與偏財都有氣有力，便可以使偏財為我所用了。

否則，偏財旺身弱，只是眼見不能用之財，又或者是過路之財，無法享用。

有一種干支的組合，是日主坐下就是偏財星，叫做「**日坐偏財，妻妾眾多**」與及「**日坐偏財，垂手可得**」，分析如下：

甲辰、甲戌、乙未、乙丑、

丙申、丁酉、庚寅、辛卯。

以上八組干支，在偏財方面，都有先天的優勢。

在男性而言，桃花較多，異性緣分好，有意外之財，有投資運氣。

在女性而言，桃花運亦不少，皆因財星可以生助正官七殺的異性星，都是對異性緣有幫助，亦會有意外之財或抽獎運。

偏財又是父親。如果命中月令是財，或者是偏財星太多的，不但對父親緣分無幫助，相反會變成父母緣分淡薄，因為財多剋印。

例如甲木命，命例中看見戌、辰、丑、未土多，尤其是月令，即代表父母緣分不好，比如父母分開、父母生離、父母重婚、單親家庭等等。

《滴天髓闡微》內有一命造：

辛卯年、
辛卯月、
辛卯日、
辛卯時。

原註：四木當權，四金臨絕，雖曰反剋地支，實無力剋也，如果能剋，可用財矣，若能用財，豈無成立乎，彼出母腹，數年間父母皆亡，與道士為徒，己丑戊子運，印綬生扶，衣食無虧，一交丁亥，生火剋金，即亡其師，所有微業，嫖賭掃盡而死。

這是因為，財太旺反而剋印星，印星就是代表正常父母緣，故上述命造有出生後數年間，父母皆亡的事情出現。

例：男命

卩	日元	財	卩
己	**辛**	**甲**（合己）	**己**
丑	**卯**（合戌）	**戌**	**丑**
己 卩 辛 比 癸 食	乙 才	戊 印 辛 比 丁 杀	己 卩 辛 比 癸 食

76	66	56	46	36	26	16	6
丙	丁	戊	己	庚	辛	壬	癸
寅	卯	辰	巳	午	未	申	酉

日坐偏財，桃花運旺。

辛金命生於戌月，己丑時，土重埋辛金，必要用木破土，但甲木被己合，卯木被戌合，兩失其用。

這命出生日就正好是上述日坐偏財的天干地支，所以這命在二十六歲大運辛未，辛金洩土不傷甲、未土刑戌解合、未土合日支夫妻宮，於是在這時期娶妻生女生子，財祿豐足。

可惜辛卯日坐偏財桃花旺，後結識了一位紅顏知己，後在三十六歲庚午大運，庚金沖剋甲木正妻正財，生意倒退幾近破產，並且夫妻感情亦出現了很大的問題。

食神

食神是我所生，但是同陰陽。例如：甲見丙，即丙火是甲木命主的食神。

十天干	食神
甲	丙
乙	丁
丙	戊
丁	己
戊	庚

十天干	食神
己	辛
庚	壬
辛	癸
壬	甲
癸	乙

食神又叫做福神，又叫做福星，又做壽星。

為甚麼洩我之氣又叫福神呢？因為：

食神是生財星之神，使我能夠享用；

食神是剋制官煞之神，使我不被剋制。

《淵海子平》說得好：「命中帶此者，主人財厚食豐，腹最寬洪，肌體肥大，優遊自足，有子有壽考」，可謂將食神形容得十分貼切。

但最主要是日元不能夠太弱，太弱則不堪被洩氣，如果食神太多太旺，而日元太弱，就好比一個身體很弱的女子，而生育很多子女，令到身體衰弱不堪了。

所以「**食多身弱**」的女命，反而不容易有子女；或者為子女而勞苦。

食神又是文星，因為是我所生之物，能夠將我的思想行為才智表露發揮，所以，命中帶食神的人，都是比較聰明，亦都會有一技之長。

如果八字平衡，將會是專業人士，如果命帶財星有氣，就是高收入的專業人士，例如是專科醫生、律師、工程師、金融投資高手。這種格局叫做：「**食神生財**」，重點是利用自己的專業才能，去賺取金錢。

食神的另一個重要作用是剋制七殺星。

七殺是剋身之物，命中七殺剋身的人，壓力、疾病、小人都較多，不為我所喜，而食神天性是抵擋七殺，因為食神與七殺一定是同陰同陽，是無情的抵抗，不會對七殺留有情面，對日主保護幫助最大，是謂之「**食神制煞**」。

食神星最怕受偏印星相剋，偏印與食神一定是同陰同陽，制之最烈，是叫做：「**偏印倒食**」。

例如：甲木以丙火為食神，壬水是甲木的偏印星，而剋丙火食神，所以偏印一定是剋制食神的。

凡命中以食神及財神為用的，最忌偏印，福壽必然較為淺薄。

而偏印是生我之神，而成為忌神，《淵海子平》說得好：「凡命中帶此者，猶尊長之制我，身不得自由也，作事進退悔懶，有始無終，財源屢成屢敗，容貌欹斜，身材矮小，膽怯心慌，有事無成。」

總而言之，食神本質是吉星，食神有氣勝財官，但首要是日干強旺有氣。

請參看下頁命例。

例：女命

劫	日元	印	比
壬	癸	庚	癸
子	卯	申	巳
	暗合（卯申）		合（申巳）
祿	乙食	庚印 壬劫 戊官	丙財 戊官 庚印

76	66	56	46	36	26	16	6
戊	丁	丙	乙	甲	癸	壬	辛
辰	卯	寅	丑	子	亥	戌（合日支結婚）	酉

身旺用食，享子女福。

此命癸水生於申月，金旺生水，庚金坐祿於申，加以壬子時，癸水年，金水旺極，江河泛濫，年支巳火本好，但巳火與申金相合，火氣變質，其用不顯，只有求救於日支食神：一則洩水；二則生火；三則暗合申金，稍解巳申之合，釋放巳火，存其夫星。

是以在十六歲的壬戌運的戌結婚，一則戌為燥土止水；二則戌土為夫星；三則戌合卯為合夫妻宮，一神三用，是以結婚訊號明顯。

女命用食神，必有好子女福，此命實生三女一子。

傷官

我所生而陰陽不同的叫傷官。例如：甲見丁，即丁火是甲木命主的傷官。

十天干	傷官
甲	丁
乙	丙
丙	己
丁	戊
戊	辛

十天干	傷官
己	庚
庚	癸
辛	壬
壬	乙
癸	甲

傷官星顧名思義，是「傷害正官」，例如：甲木以辛金為正官，而丁火會剋辛金，同陰陽相剋是無情之剋，其力最猛，所以丁火就是甲木的傷官星了。

傷官因為洩盡日主的精神才智，所以也是才華之星，而且是多才多藝，很多時是反傳統，不依常規性的，而且有反叛性，這是因為傷官星是與傳統的正官星相剋，所以往往是與傳統事情相違背。

傷官的特性是心多、心雜、聰明而且是多元化的，與食神星的專一性是不同。

如果命中有傷官星的人，是很懂得看別人的心態，但是有時反而會「恃才傲物」，要看八字的結構而定論。

就因為傷官星有反叛的本質，所以經常會有犯險的心態，走灰色地帶，經常抱有僥倖的心理，所以很多時會觸犯刑法，惹上官司。

《淵海子平》論傷官：「傷官者，應驗如神，傷官務要傷盡，傷之不盡，官來乘旺，其禍不可勝，傷官見官，為禍百端。」

「**傷官見官**」就是傷官星遇見正官星，大家都是通根有力有旺氣，那就會引發許多麻煩事，例如官司、是非、手術、離婚……尤其是女命，傷官出現，必定要找到解求之神：一是有財星化傷官；二是有印星制傷官，否則婚姻大都不理想。

「傷官主人多才多藝，傲物氣高，當以天下之人不如己，而貴人亦憚之，眾人惡之。」

傷官行運最怕見正官星：「行運一逢官，禍不可言，或有吉人可解，必主惡疾，以殘其軀，不然，定遭官事，運行剝官，財神不旺，不是安享之人，仔細推詳，萬無一失。」

這裏面提到，「**傷官見官**」要用財星化解，的確如此，例如甲木以丁為傷官剋辛金官星，如果中間有戊己土財星，就可以通火金相剋的關口了，所以大家現在應該明白到，很多惹上官司的名人，都可以利用金錢去將官司化解，理由就是如此。

引申而言，所以「**傷官見官**」是一個很不錯的組合，可以化解「**傷官見官**」之害，又可以利用傷官星的才華、智慧、聰明，來賺取金錢，古有名言：「傷**官生財，財自天來**」。

當然最基本的要求是日元有氣旺相，才能承受得到財祿，相反，如果日元太弱，反而會洩氣再加上洩氣，非病即災，為金錢而煩惱。

請參看下頁命例。

例：女命

比	日元	卩	劫
甲	**甲**	**壬**	**乙**
戌	**寅**	**午**	**巳**

（戌、寅、午 合火）

戊才	甲比	丁傷	丙食
辛官	丙食	己財	戊才
丁傷	戊才		庚杀

73	63	53	43	33	23	13	3
庚寅	己丑	戊子	丁亥	丙戌	乙酉	甲申	癸未

傷官太旺，婚姻難偕。

此女命甲木生於午月，傷官當命，滿盤木火，夫星極弱，藏於戌土之中，但戌土與午火寅木合成三合火局，土金變質。

本來傷官傷盡，不見一點官星，反而不會刑剋；或者戌土不合成為火局，辛金在戌內也可以依賴戌中的戊土所生，而可以自存自活，但一旦合火局，便喜化為忌了。

古時的傷官太重的女命，是妾命，難成正室，而在現時，最起碼是嫁一位已離婚的男子，或者是沒有明顯的婚姻而作為人家的小三，上述的八字，就是應驗了上述的情況。

而且，更出現了「**比劫爭夫**」的組合，是以必須與人競爭丈夫或愛人，經歷過後，愛情才能修成正果。

比肩

凡同我五行而陰陽相同的叫比肩。例如：甲見甲，即甲木是甲木命主的比肩。

十天干	比肩
甲	甲
乙	乙
丙	丙
丁	丁
戊	戊

十天干	比肩
己	己
庚	庚
辛	辛
壬	壬
癸	癸

比肩就好像照鏡一樣，自己看見自己。

比肩是與我同五行，好比我的兄弟姐妹、同事、同行，在日主身弱的情況，最愛比肩來幫身，必然得到上述人等的幫助。

行比肩或劫財運，大概都會結識到很多朋友，生活圈子擴大很多，如果比劫為喜用神，多結識互助朋友；如果比劫為忌，多結識損友互累。

所以，假如日主本身已經通根有力，再來比肩，只會爭奪我的財富，分享我的財祿，尤其是不利於投機合伙之財，所投身的事業正值不景氣的時期，而且是惡性競爭的行業。

例如：甲木以戊土為偏財，遇見甲木比肩來剋，同陰陽相剋其力最大而無情，所以比肩最不利於偏財。所以遇見比肩，不論是本命或者大運，都要小心投資。

偏財亦代表父親，尤其是在年、月出現的偏財，就必定是代表父親，童年行比肩運，大都反映父親的運程不佳，不一定是喪父，或者父親健康不好、事情不好、父母感情不好，甚至離異，最起碼是與父親聚少離多。

不論男女，比肩也是不利於感情，尤其是比肩透出於月干，代表有第三者，或者自已是第三者。

比肩在地支，或暗藏，代表對方有秘密情人，有時候代表愛人是一個已婚、或已離婚的人。

比肩對於身弱財多的命，有很大的有幫助，財多官旺食神強，但身勢太弱，大運行比肩，就會得到朋友或兄弟姐妹的幫助，而得到成功。

總之，日元身強旺，就不愛比肩，凡身強再見比肩，在富有人家，往往有兄弟姐妹爭產的事情；如果本身父母婚姻不吉再婚，就很多時會代表有不同父母的兄弟姐妹。

例：男命

胎元	比	日元	官	官
己	癸	癸	戊	戊
酉	亥	未	午	戌
	壬劫	己杀	丁才	戊官
	甲傷	乙食	己杀	辛卩
		丁才		丁才

（合：比癸—官戊；日元癸—官戊；亥—未；未—午；午—戌）

72	62	52	42	32	22	12	2
丙	乙	甲	癸	壬	辛	庚	己
寅	丑	子	亥	戌	酉	申	未

財官太旺，反愛比肩。

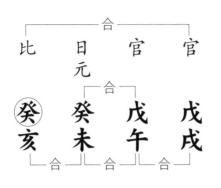

癸水命在午月出生，夏火炎炎，戊土透干，火土極旺，而癸水極弱，癸水坐未不通根，幸好生於癸亥時，比劫幫身，這個就是喜用神的比肩，好比好朋友，兄弟姐妹般感情一樣，分擔命主的壓力。

這個八字的財星太旺，命主自己不能承受，好比一間工廠，接到一張很大的訂單，超過了本身的生產量，於是就要找一些同行來合作，這個癸亥時，就是他的同行，就有這樣的分擔作用。

兼且，命中有兩個戊土來合住癸水，旺燥土必然將弱癸水吸得乾乾淨淨，現實來說，就是有兩個要求很高、兼且是有能力的上司，給你一些非常繁重的工作，令人吃不消。

幸好，身邊多了一位有能力的好同事來幫忙，於是兩戊合兩癸，各自應付一位上司，各得其所，美滿收場。這是一個建築師的八字，三十二歲起，行壬水運開始發迹。

胎元己酉，有生水洩土的作用，是有絕處逢生之功，兼且有遠方貴人。

劫財

凡同的我五行一樣，而不同陰陽的是劫財。例如：甲見乙，即乙木是甲木命主的劫財。

十天干	劫財
甲	乙
乙	甲
丙	丁
丁	丙
戊	己

十天干	劫財
己	戊
庚	辛
辛	庚
壬	癸
癸	壬

劫財，顧名思義是劫奪我的財富，尤其是正財，例如甲木以己土為正財，遇見乙木來爭奪，同陰陽相剋其力最強，所以稱之為劫財。

又例如乙木以戊土為正財，遇見甲木來爭奪，甲見戊是同陰陽相剋，其力最強，所以稱之為劫財。

由於男命以正財為妻子，所以劫財通根得地透露有氣勢的，大都有婚姻問題：或離異、或妻多病手術、娶離婚之婦……

不論男女，劫財出現都是不利於婚姻感情。因為劫財是與我同類而有爭奪性，代表第三者、情敵、三角戀愛……

「**比劫爭夫**」就是形容這種情況。

當然，破財之事亦常有出現，尤其是因為合作而破財，所以劫財重，千萬不適宜合伙，必然分拆收場。

最怕是「**財輕劫重**」，就是本身的財星無力，再加上有劫財來爭奪，是僧多粥少的現象，這就形成了入不敷支的情況，在這種大運，就容易失業，或者投資失敗。

如果童年、少年時行「**財輕劫重**」的運，往往不利於父緣，因為財星為父親，行劫財運，即是父親身弱行官殺運，受到剋制，往往是父親本身事業或健康或感情出了問題。

甚麼時候需要劫財呢？就是八字之內，正偏財、官殺、食傷等都很強旺，相反日主會較弱，這個時候，如果有劫財來幫助，就可以享用到財官食帶來的財氣與福氣。

另一種情況是：身弱，但財星也弱，就即使行幫身的劫財運，雖然事事順利，但在金錢運方面，都是財來財去，比較難積累。

這就是為甚麼很多時雖然行好運，也剩不到金錢的原因。

至於劫財太旺的命，最理想是有正官、七殺出現，可以剋制劫財。就好比有制度或官員，將身邊的損友壓制，而無力來劫我之財。

或者有食神、傷官，可以洩劫財之氣。就好比安排損友做一些他們喜愛而又專長的事情，將他們的精力得以正常發揮，而不來劫我之財。

請參看下頁命例。

例：女命

比	日元	印	比
癸	**癸**	**庚**	**癸**
亥	**未**（夫星）	**申**	**卯**
└─爭合─┘			
壬（圈）劫 甲傷	己杀 乙食 丁才	庚印 壬劫 戊官	乙食

71	61	51	41	31	21	11	1
戊	丁	丙	乙	甲	癸	壬	辛
辰	卯	寅	丑（圈）	子（圈）	亥（圈）	戌	酉

劫財爭夫，三角戀愛。

這個女命是癸水生於秋天申月，金旺生水，身強能用財官食神，年支卯木是天乙貴人帶食神，為人極聰明，並且有藝術天分，跳舞、鋼琴樣樣皆能，兼且是一位投資銀行的高層，但是坐下未土夫星，被身邊的亥水劫財暗合，正是：身強不喜劫財，而且爭合夫星，所以婚姻不就，五十一歲前更走北方水運，更難矣。

幸好此命生於新加坡，火旺熱帶之地，有調候作用，而且在五十一歲後走木火之地，必然有機會可以找得到如意郎君，但首要條件是：不要受身邊「劫財」的影響，即是不要被朋友的意見所左右。

劫財是身邊的好朋友，他們的意見很多時雖然是善意，但是劫財為忌的人，這些意見，很多時都會帶來相反的效果。

特別格局：從格與假從格

凡命格日元太弱無根是謂之從格，真從格易看。而另一種情況是日元，即使有幫扶，但幫扶本身太弱，就是假從格，初學者往往當為身弱喜幫扶日主來看，就大錯特錯。

假從格，最重行運的好壞，行好運就如沐春風，運過容易打回原形，成為正格，變成正格論命。

而且，從格或假從格，五行大多是偏重一邊，形成五行不均，所以六親運氣、緣分都會較為反覆，比如父母緣分不定、父母婚姻易生變化、自己夫妻緣分多阻、或重婚、或惹桃花等等，不一而足，要看個別情況而作出判斷。

例一：男命

命宮	胎元	傷	日元	印	卩
				無根之水	無根之水
辛	**癸**	**丙**	**乙**	**壬**	**癸**
酉	**丑**	**戌**	**巳**	**戌**	**巳**
		戊財	丙傷	戊財	丙傷
		辛杀	戊財	辛杀	戊財
		丁食	庚官	丁食	庚官

75	65	55	45	35	25	15	5
甲	乙	丙	丁	戊	己	庚	辛
寅	卯	辰	巳	午	未	申	酉

火運發財娶妻

假從兒格一

這是一個專業人士的八字，業財經金融界。

- 乙木生於戌月無力，並不通根，八字內三火、二土，燥而乾，年月有壬癸水來生乙木，應該可以為用，但是水不通根，又被火氣蒸乾，有等如無，而變成為假從格了。
- 行運五歲辛酉、十五歲庚申，金生水，壬癸有幫助，假從變為正格，變為財多身弱，官印相生，平穩大運，少年讀書順利。
- 二十五歲行己未大運，己土剋制壬癸水，未土為燥土，至此，乙木根氣水氣盡失，不得不從，假從變為真從了，這大運從事金融業，生意滔滔，扶搖直上，這是因為從格的命，自自然然有適當的時機，有適當的貴人，引領着走，就是從格的特點。

- 三十五歲行戊午大運，火來生土，又是燥土，吸乾壬癸水，至此財來就我，得財之後更得妻，在戊運的戊辰、己巳年、結婚。
- 之後四十五歲起丁巳，依然是火運，但是丁火去壬癸之力不及戊己土，變成為戰局，雖然賺錢，辛苦難免。

試想想，本命如果是以正格強弱來看，乙木行中年巳午未火土大運，怎可能平安渡過？更不可能發財了。

但是假從格，因為命主是有微弱的生扶，當流年大運出現幫身的情況，就是還原，正所謂是人生的起伏，都會比一般人跌宕一些，所以有時會感覺到困擾，行好運而遇上差流年時，會出現忽好忽壞的情況。

請再參看下頁命例。

例二：男命

命宮	胎元	傷	日元	卩	財
庚	壬	甲	癸	辛	丙
子	午	寅	酉	卯	申
		甲傷 丙財 戊官	辛卩	乙食	庚印 壬劫 戊官

合（辛、丙）　沖（酉、卯）　沖（寅、申）

50	40	30	20	10
丙	乙	甲	癸	壬
申	未	午	巳	辰

火運發迹娶妻生子

假從兒格二

● 癸水生寅月，木旺洩水之氣，甲寅時又洩癸水，癸水無根，請注意，坐下酉金是印、不是根。

● 申金中是壬水，也不是根只是生扶，但申被寅沖，酉被卯沖，「**衰神沖旺旺神發，旺者沖衰衰者拔**」，所以旺木沖弱金，金不能勝，所以變成無力生水矣，天干辛命又被丙合住，無法生癸水，於是變成為假從，順從月令的旺木。

● 是為「**假從兒格**」，從兒格，以癸水生於春季為最多。

● 行運以木運、火運最好。

● 水運若不剋財就無大礙。

● 土運平常，但怕土生金。

- 金運剋食傷，是剋制所從之神，是為大忌。

為甚麼行火運最好？是因為《滴天髓》：「從兒不論身強弱，只要我兒再見兒」，我兒是木、木之兒是火，火就是財運了。

看看這命行運——

- 二十五歲前行壬辰、癸運，比劫剋財，父命早殤。二十五歲起行巳、甲午、乙未、丙運，一路木火，剋盡金氣，癸水不得不從，至此，假從格變為真從，所以在這階段之內結婚、生子、事業順利。
- 行五十五歲申金運，沖寅木旺神，又是從兒格的元神，癸巳年，寅巳申三刑，意外命殞，悲哉！

類似這種的八字是非常之多，千萬不要以身強身弱來論命。

例三：女命

命宮	胎元	卩	日元	印	傷
壬	**戊**	**丙**	**戊**	**丁**弱	**辛**
辰	**子**	**辰**	**申**	**酉**	**亥**

（上：丙、辛 合；下：辰、酉 合）

辰	申	酉	亥
戊比	庚食	辛傷	壬才
乙官	壬才		甲杀
癸財	戊比		

76	66	56	46	36	26	16	6
乙	甲	癸	壬	㊀辛	㊀庚	己	戊
巳	辰	卯	寅	㊀丑	㊀子	㊀亥	戌

水運名成利就

假從兒格三

- 戊土生於酉月，傷官得令，地支一片金水，辰雖是土但是濕土，又合酉金，天干有火生走，但是丙火被辛合住，而丁火並不通根，有氣無力，自顧不暇，無餘力生土，戊土不得不從金，是以本命是「**假從兒格**」。
- 但原命有微弱之火，待大運行到火的弱地，便變為真從了。
- 行運早年六歲至十五歲火得庫、兼土來幫身剋水，變回正格，未見出色。
- 由十六歲起，開始行北方水運，火氣消滅，自此，假從變為真從，是以在十六歲起，入亥水運，漸露頭角，被星探發現，拍廣告片。
- 入二十六歲庚子運，金水相生，於電視圈，名氣一路路進步。
- 入三十六歲辛丑，丑會金局，辛金透出，名利更上一層樓。

● 若以身弱喜火生，則北方水運必不能名成利就。

這是一位知名藝人的八字。

第三章 命例研究

物物一太極

八字命理學有物物一太極的方法，不是單單看自己一方面，而是包括身邊的所有親朋戚友，大凡與你來往的相關人等，都可以在你的八字反映出來，這種方法在宋代的命學作品《淵海子平》，已經講得很清楚明白。

現在很多學習命理的朋友，將注意力只集中在出生日天干一個字，以致忽略了其餘，所以在論命時，不夠立體、不夠細緻、不夠具體。

請看下頁命例。

男命：

命宮	胎元	才	日元	食	劫
甲戌	**戊午**	**己卯**	**乙亥**	**丁卯**	**甲辰**
		乙比	壬印 甲劫	乙比	戊財 乙比 癸卩

73	63	53	43	33	23	13	3
乙亥	甲戌	癸酉	壬申	辛未	庚午	己巳	戊辰

二月乙木，食神生財格。

乙木生於卯月，並且坐下亥水生木，辰土木的餘氣通根，是強之極，身強喜剋洩，而八字內有丁火近身洩氣，是為用神。

現在要討論的是他的妻子。

男命以財為妻，我剋者為妻財，所以本命乙木，是以土為妻星。

本命有兩重土、一在年支辰土，年柱是代表大約十八至二十歲左右，年柱出現配偶星，在一般情形之下，都會早談戀愛，成功與否，另作別論。所以這個年支的辰土之財星，可以代表為早婚之妻，或早年相識的女朋友，但是結果必定生離死別，或者女朋友多病手術。

原因為何？皆因為辰土身旁有極旺的卯木來害辰土，現在以辰土為中心，排出六神如下：

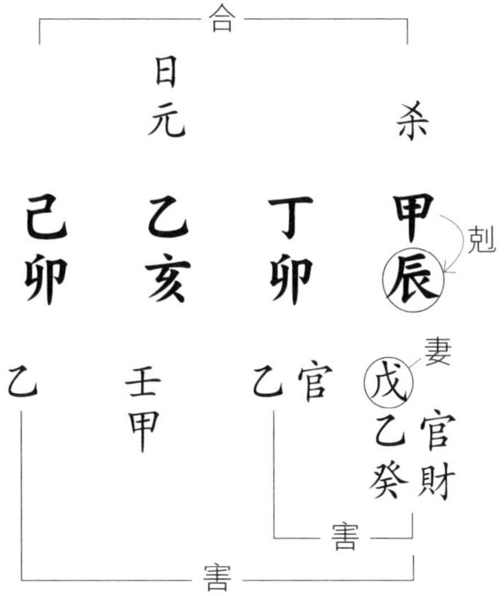

73	63	53	43	33	23	13	3
乙亥	甲戌	癸酉	壬申	辛未	庚午	己巳	戊辰

用辰土排六神

則辰土上面甲木七殺相剋、旁有正官相害，是謂之官殺混雜，妻星生機微弱。所以此命絕對不可以早婚，而年柱是代表十八歲到二十歲左右之前。

其次，時干己土偏財，可以代表第二個妻子、女朋友、情人。

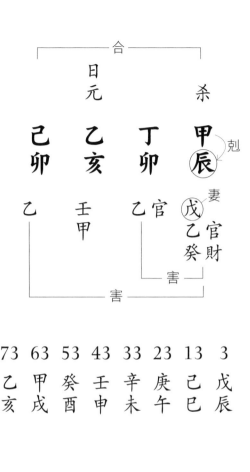

己土近在身邊，近水樓台先得月，代表緣分好，很多時是同學、同事、或者是一起工作的夫妻關係。

如果我們要了解這個妻子或女朋友的一些特點，就要用物物一太極的方法，用己土為中心，排出六神的關係如下：

合（己 — 甲）

妻	杀	卩	官
己	乙	丁	甲
卯	亥	卯	辰
乙杀	壬財 甲官	乙杀	戊劫 乙杀 癸才

合（卯中乙 — 亥）

剋（卯 → 己）

73	63	53	43	33	23	13	3
乙	甲	癸	壬	辛	庚	己	戊
亥	戌	酉	申	未	午	巳	辰

用己土排六神

己土妻星被甲木正官相合，是甚麼意思？原來是代表妻有前夫，相合就是代表結婚、同居、合作。原來此人命中注定與已離婚之女性較有緣分。

再來，己土生在卯月身弱，坐下卯木剋身，卯是甚麼？是己土的七殺星，即是妻星帶煞剋身，妻子必然多病、神經緊張，最起碼是會工作辛勞，因為七殺是代表不講理由的上司，不合理的公司制度。

所以，當一個人要談戀愛，結識到異性朋友時，可能在心中都會有一個疑問，究竟現在的朋友，是否我的真命天子呢？如果你知道這種算八字的方法，那就可以預先知道得一清二楚了。

再者，八字命中既然已經注定對方是一個怎麼樣的人，所以根本不需要用雙方的八字去「夾一夾」，因為真命天子在你一出生的時候，已經寫在你的八字之內。

論富命

現代人算命最重要的是看看自己會不會發財，看發財當然是最基本要看財星，財星有力，身主不弱，則大概一生人都沒有經濟的煩惱，相反財星弱而受剋制的，一生人大都會為金錢而奔波。

但有些情形是命中沒有財星的命都會富有，比如古代，行君主制度，當你做了大官，金錢利祿便會隨之而來，不用為金錢而煩惱，如果當時是貪污的風氣流行，只要當官，就有人進貢金錢了。

或是女命，嫁到富有丈夫，所有金錢財富都是由夫星而來，自己命中無財，都可以富有，只要是自己身旺，或者比肩印星多，就可以享到丈夫的財富，因為女命的自己及比劫，就是丈夫的財星；女命的印星，就是丈夫的食傷。這是要用「轉盤」的看法，站在官殺星的角度，去排六神一看，便會一清二楚了。

有些命一生都不會窮，即使是最「窮」的時候，都會比大部分的人有錢的，為甚麼呢？原來財星最怕劫財，在一般情形之下，財星遇見比肩劫財，必定會破財或傷身。「**財星遇劫**」有下列情況：

少年行這種運，大多是父親當災；
青少年行這種運，大多是感情出問題；
中年行這種大運，大多是生意失敗，或者離婚；
晚年行這種運，大多是配偶出現問題。

但是為甚麼有些人行劫財運都可以安然渡過呢？這是因為財星有保護神，這個保護神就是食神傷官。食神傷官可以化解比肩劫財，使財星不被劫奪。

例：男命

命宮	胎元	食	日元	才	劫
乙	**辛**	**戊**	**丙**	**庚**	**己**
亥	**酉**	**子**	**戌**	**午**	**巳**
壬杀 甲卩	辛財	癸官	戊食 辛財 丁劫	刃	祿
天乙貴人	天乙貴人				

合（胎元辛與日元丙）
合（戌午）
沖（子午）

81	71	61	51	41	31	21	11	1
辛	壬	癸	甲	乙	丙	丁	戊	己
酉	戌	㊀亥	㊀子	㊀丑	寅	卯	辰	巳

行水運富甲一方

銀行家命

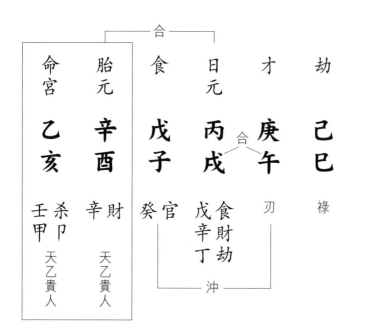

這是一個富二代銀行家的八字，一生富有。

細看此命，丙火生於午月，陽刃格，古書有云：「**陽刃不富**」，這是因為陽刃一定是身旺之極，相對而言，財星、官星都會極弱的，而且本命午戌合成火局，丙火更得祿於巳，可謂旺之極了，庚金偏財雖透干，通根於戌，但是力量終究不足，喜有戊己土食神傷官近身保護，最重要的是，胎元辛酉，辛金之財合丙火，是謂之：「**財來就我**」，地支酉金財星得地，胎元為祖基，兼且是天乙貴人，祖上父親輩富貴可知，立命乙亥，壬水得祿，要知道丙火之命，必需要壬水，如日照江河，互相輝映，不論以甚麼為用神，壬水配合，方為之上格之命，而且亥水又是命中的天乙貴人，本命胎元、命宮都是用神兼且是天乙貴人，極之少見。

行運二十一至四十歲的丁卯、丙寅運，雖然丙丁劫財當道，直剋庚金，但幸好命中有戊己土食神、傷官，將丙丁火化解於無形，保存庚金之財，這就是為甚麼行劫財運都不窮，原因就在於此。

行劫財運只是如玉未琢，未見精華，一交上好運，自然一帆風順了。

行運由四十一歲起，一交北方水運，自然成功而富甲一方。

命中無財亦可發迹

命中五行所缺，往往是命內最需要之神，是用神所在，但是命中欠缺的，是否等如沒有這東西呢？例如命中無官殺，是否無夫？命中無印，是否無母？命中無財，是否無妻呢？答案是要從其他地方再找找看。

先看胎元，胎元是本命懷在母腹之始，影響力十足，原命無財，胎元有財，不可言無財；命中無官，胎元有，不可言無夫。胎元又無，再看命宮，然後查大運，大運有三十年方向運，如缺水為財，行亥子丑三十年北方水運便可補足五行了。但有一點要注意，命中沒有的六親，一般而言，並不代表有刑剋，只是反映與此人緣分淡薄，或聚少離多。反而六親星出現命中而受剋制沖刑才是刑剋之兆。下面就是一個命中無財星，而發迹於股票金融界的例子。

男命：

命宮	胎元	官	日元	劫	杀
庚	**甲**	**己**	**壬**	**癸**	**戊**
申	**寅**	**酉**	**申**	**亥**	**辰**
庚 卩	甲 食	辛 印	庚 卩	壬 比	戊 杀
壬 比	丙 才		壬 比	甲 食	乙 傷
戊 杀	戊 杀		戊 杀		癸 劫

（癸、戊：合）

（命宮、胎元：天剋地沖）

（日支申與大運巳：沖）

73	63	53	43	33	23	13	3
辛	庚	己	戊	丁	丙	乙	甲
未	午	巳	辰	卯	寅	丑	子

五行用火，南方地發。

這命壬水冬生，水結成冰，五行缺財，而且劫財當道，壬水長生於申，酉命來濁水，辰為濕土又不能止水，而且是水庫，按道理分析，本是財來財去，難以發達之命。

但此命主人從內地來港，即是由北至南方走，佔得南方火旺的地利；相反如果往北走至水旺之地，使命中水更寒凍，發迹無憑矣。

加上胎元甲寅，甲木坐祿，寅為丙火長生之地，財星通根，原命無財，以胎元的丙火偏財為用，胎元為用，主發遠地之財，但命宮庚申，與命宮用神，天剋地沖，是謂之：凶物深藏，成為將來破財之先兆。

- 原命戊土合癸，制住劫財是一種發迹吉兆。
- 己土官星洩氣於命而無用，命中全憑亥中甲木洩水，戊土止水為用神。

- 行運早年北方水運，出身困滯無助可想而知。
- 二十三歲行寅運驛馬動而從內地來港，是發迹之先機。
- 三十三歲丁卯運，丁火正財合命，卯木合亥水化半木局，十年發財無數，寄身金融界，名利迫人來。
- 四十三歲戊運七殺合水，名譽地位最高峰。
- 四十八歲起行辰運，濕土生金，不能止水，於是破耗叢來。
- 五十三歲的己巳運，更惹上官非足有數年長。

若問行己巳南方運是財運，為何不發，反而破耗？這是因為旺水宜洩，不宜衝擊，兼且巳火與月令是財星逢劫，與日支申金是合中帶刑，必主官司是非。

是以中年行東方木運最好，行火運則不宜，是《滴天髓》「衰神沖旺旺神發，旺者沖衰衰者拔」的道理，就是原命亥水月令旺極，大運巳火衝擊，不能去水，反而引起千重浪。

弱極之命亦會發財

八字學中最令學者困擾的就是特別格局。特別格局就是：從格、化氣格、專旺格、兩神成象。

以下男命，乙木命生於巳月夏令，火旺土焦，木亦乾燥，本來木喜癸水相生，但是癸水不通根，加上丙火透出，將癸水蒸發，有等如無，身邊時干乙木也是自顧不暇，乙木坐酉，根枯莖壞，何來生機？

排盤如下：

男命：

命宮	胎元	比	日元	卩	劫
				忌神	
辛	**甲**	**乙**	**乙**	**癸**	**丙**
卯	**申**	**酉**	**酉**	**巳**	**戌**
		辛杀	辛杀	丙傷	戊財
		天乙貴人	天乙貴人	戊財	辛杀
				庚官	丁食

79	69	59	49	39	29	19	9
辛	庚	己	戊	丁	丙	乙	甲
丑	子	亥	戌	酉	申	未	午
					水通根還原 正格不利		

假從格，火土運發迹。

按此命，正常看法是非貧即夭的，但是事實剛好是相反。

原來這是八字的另一種看法，叫從格。從格就是命主無根，順從其他旺極的五行。

有從財、從食傷（從兒）、從官殺、從印。

這都是八字學的特別格局。

《滴天髓》：「從得真者只論從，從神又有吉和凶」。但是真正成為從格的，在八字的比例上是很少的，就我自己過去數十年的看命經驗，真從格的只是寥寥可數。

但是又有一種是只差一些就是真從，就是日元有一點很弱的生扶，有等如無的，好像以上的例子，稱為「**假從格**」。

《滴天髓》：「真從之命有幾人，假從亦可發其身」，說的就是假從格。

這命如果以正常看法是必須用癸水的，但是現在是以從格看，這個癸水，反而變成了阻礙。

所以，早年行甲午、乙未南方火運，出身富家，享現成之福澤，並且早結婚姻，若果以正常格局看，剛好與事實相反的。由三十四至三十九歲行申運，癸水得金生，癸水忌神得長生之地，格局一變而為正格，是「**剋洩交加**」，在這運內，家庭事不和，婚姻離異。

到了三十九歲丁酉運，真正發迹，為甚麼？因為丁火將癸水沖去，原來的假從格，變成了真從格了，於是發富貴，並且再婚生子。

後來的戊戌大運，戊土合去癸水，戌為火土旺地，又是命主的正財星，依然財祿不缺。

所以遇到一些介乎正常格局，與特別格局的命，最好是用過去所發生的事情，與及父母出身的情況，對比八字，看看有多少出入，然後捉用神時，不致有錯誤。

而且在特殊格局的例子之中，很多時是要考慮出生的地點，是南方或北方，是寒或熱，比如此命，在南方香港，本來火旺的八字，就容易成為從格，如果是在北方近水之地，或者出生時下雨，則有可能變成為正格論命了。

從格等特別格局，由來是研究子平八字的「重災區」，自古至今的術者，都有不同的看法，即如名家袁樹珊，論命時很多時以合化格為主。

《神峰通考》作者張楠，對於專旺格認為：

炎上（火日主全局火旺）、
潤下（水日主全局水旺）、
從革（金日主全局金旺）、
三者都不應驗，只有：
曲直仁壽格（木日主全局木旺）、
稼穡格（土日主全局土旺）、
才有應驗。

不善理財的少年人

手頭上的這個八字，看着看着該如何開口，眼前的二十四五歲少年人顯現出一面愁容。我就知道這位年青人一定出了一些情況，這種情況是必然可以在他的八字之中找得到。

印	才	日元	劫
丁（母）	壬	戊	己
未	寅	申	未
己劫	甲杀	庚食	己劫
乙官	丙𠄎	壬才	乙官
丁印	戊比	戊比	丁印

丁壬合；寅申沖；未丑沖

3	13	23	33	43	53	63	73
辛	庚	己	戊	丁	丙	乙	甲
丑	子	亥	戌	酉	申	未	午

月令旺神，最忌沖剋。

八字命盤如上。第一眼給我看到的印象是申沖寅。

- 寅是月令，看八字是必須要先看月令，月令就好比一國之君，有無上之權力，基本上八字命理，都是圍繞着月令發展的學術。
- 所以這個月令如帝王，流年、大運、原命都千萬不能沖剋月令，沖剋月令就必凶，看凶在何事而已。
- 這個月令中有甲木七殺、丙火偏印、戊土比肩。

就是這三方面都有出問題的可能。

「你的父母間緣分淡薄，他們彼此間非生離即死別。」我說。

「是的，母親在我十三歲之前已經過身了。」

這是以子命看其母的方法：

食	傷	官	
己	戊	壬	丁（母親）
未	申	寅	未

（壬丁：合；申寅：沖父母宮；丁未與大運辛丑：天剋地沖）

己食	庚財	甲印	己食
乙卩	壬官	丙劫	乙卩
丁比	戊傷	戊比	丁比

73	63	53	43	33	23	13	3
甲	乙	丙	丁	戊	己	庚	辛
午	未	申	酉	戌	亥	子	丑

子命看其母

原因是在於申沖寅，沖父母宮，而原身命丁火為母，這丁火本身以寅為根，根被沖，又以未為根，但行辛丑運，未土被剋制，丁火生機滅絕而死，何況丁火本身是「**傷官見官**」、壬水剋丁，不利因素極多。

「你有一兄弟不婚、不生子女。」我繼續說。

「我是有一個不結婚，沒有生小孩的兄長……因為他是不喜歡女孩子的……他是取向同性的。」這也是申沖寅的徵驗，寅中戊土為兄弟，以申中壬水為妻，以寅中甲木為子，兩受沖剋，就是不婚不子了。

以上說的都是他家人的事，只是用來驗之以往，給來人一點信心，也印證自己的看法是否有錯誤。

「這命絕不利於早婚的，早結婚，必定妻緣多變。」這是因為日支夫妻宮沖月令旺神，就是沖犯帝王，而且壬水妻星被丁合，加上滿盤己未土，劫財剋妻星，而日支另一壬水，也都受到沖剋，即是八字之內，所有的妻星都受制。

「可是我已經結了婚……」話音未落，我便接着説：「那就難免有婚姻問題出現了。」

為甚麼呢？其實這個命的姻緣是來得很早的，有時情到濃時，也是很難避免早婚的，這是因為十八歲行子水運，子水合申金，合來解沖，加上子水本身就是妻星，所以是一個婚姻運。

造化作弄人，就是先要令你思想改變，作一些決定。

這年青人正正就在子運尾的己巳年結婚了。

那甚麼時候婚姻出問題呢？

「由二十三歲起的己運五年間，是婚姻的最低潮。」我看着己運這樣說。

「我已經在去年離婚了。」年青人無奈地說出他的目前狀況。

為甚麼會這麼快就離婚呢？這是因為命中有很強烈的離婚元素，而只是大運一時間將不利因素暫時解除而結婚，當過了這個大運之後，又會回復原狀的。

再來研究一下他的財運。原命比劫爭財、財星受制、行劫財運，這三點已經令人手無餘錢了，如果加上不懂理財，濫用信用卡、被財務公司的廣告影響，就必定在財政方面會泥足深陷。

我正想開口說請這年青人小心理財的一刻間，他已經先一步開口說：「而且我已經破產了，我的壞運到底要走到甚麼時候呢？」

原命財星不旺的人，其實就是要告訴你，要腳踏實地，不要有僥倖之心，即使清茶淡飯，只要不跟別人比較，生活也會過得寫意。

那如可以改變目前的困滯呢？就要從八字內去找尋玄機。

戊土坐食神，人必定有小聰明、有食福、有人和、口才好、善解人意、有一技之長；而命中逢沖，是驛馬多動之象，最利於外出謀生。有見及此，我建議他可以從事廣告、藝術、餐飲等工作，但是必須在外地，或者是多出外的工作，與及是帶技術性為主的，皆因命帶劫財，不利於投機性，只利於專業性。

再看看他的大運，之後經歷三十三歲戊戌十年比肩運，是上天給這個年青人的另一個考驗，過此之後的四十三歲的西方金運，方能享優游之福，心中祝福這年青人前途遠大，逢凶化吉。

老公中了六合彩

在現今通貨膨脹的社會，尤其是在香港，樓價飛升，很多人發夢都希望中一次六合彩頭獎，作為購買物業的首期，或者更幸運地，中獎銀碼的彩金，可以全數支付樓價，來發一個橫財夢。

那麼，怎麼樣的八字才有機會中六合彩之類的橫財呢？

當然，首是要身強財旺的八字，才有這種機會，而且，更要看看身邊丈夫或者妻子的八字，有沒有「旺夫中獎」或「旺妻中獎」的組合。

下頁是一位女士的八字命盤，她的丈夫中了六合彩。

胎元	劫	日元	才	傷
辛（財）	丁	丙	庚	己
酉	酉	寅	午	亥
			午亥暗合	
辛財	辛財	甲卩 丙比 戊食	丁劫 己傷	壬杀 甲卩 天乙貴人

79	69	59	49	39	29	19	9
戊寅	丁丑	丙子	乙亥	甲戌	癸酉	壬申	辛未

夏火旺極，最利金水

丙火生於午月陽刃格，旺之極了，更有寅木坐丙火，是丙火長生之地，而且丁火透出，叫做「**陽刃出鞘**」，火旺度是最強的。而丙火首要壬水，江海映照；而夏火又首要壬水調候。

年支亥水，是一神二用。而且亥水更是丙火之夫；亥水又是丙火的天乙貴人；即是很多有利的條件都集中在年支的亥水之中。

要注意：亥水與午火是暗合的關係。

何謂暗合？就是亥中壬水甲木合午中丁火己土，是地支藏干皆相合，是謂之暗合。暗合就是有情。

我們用轉盤看，請看下頁：

胎元				
	財	才	卩	官
辛（印）	丁	丙	庚	己
酉	酉	寅	午	亥
辛印	辛印	甲食 丙才 戊杀	丁財（合） 己官	壬（夫星） 甲食

79	69	59	49	39	29	19	9
戊	丁	丙	乙	甲	癸	壬	辛
寅	丑	子	亥	戌	酉	申	未

用亥水排六神

以亥中壬為主，壬合午中丁火就是合住月命旺財星了。亥水能否任這個旺財呢？就要看亥水在八字內的生機了。

八字內有庚金、有酉金，都可以生亥水，但是畢竟都是夏天的金水，是休囚死地，是無足夠的力量去承擔這個午火的旺財。但畢竟亥午是暗合，是與財有情，是發財的預兆，於是就要查看有沒有走到好的大運條件。

- 九歲之前辛未運，辛金坐燥土，南方之地，陽刃旺極主刑父，於是乎父母分離，早有先兆。
- 十九歲壬申，壬水坐長生之地，來助亥水，來弱旺火，來調候八字，一神三用。
- 兼且，適逢一九八〇年二十二歲庚申、一九八一年二十三歲辛酉的純金流年，正是要水得水，要金得金，於是乎在這兩年間，中了六合彩頭獎，獎金有一百多萬。在當時而言，一百多萬的購買力，可以比美現在一千萬有多，當時的樓價是每平方呎一千元左右，當年下半年樓市調整，在一九八一年尾，樓價更下調到每平方呎六七百港元左右。

這個八字的胎元是辛酉，對亥水也是有很大的助力。

那麼，這個八字的丈夫是從事甚麼行業呢？從八字內也可以看得一清二楚：亥水上有己土，己土在月令透出，是亥水的正官；己土身邊有庚金，是亥水的正印，就是官印相生了，所以她的丈夫是一位高職位的公務員。

回看這個八字本身丙火身旺極，以庚、酉、亥、己為用，也是身旺可任財，己土傷官生財，財神有根，只是稍弱，直到壬申、癸酉運，庚申、辛酉年，大運流年都是財星，身旺財旺，此時不發，更待何時呢？

男人也有旺妻命

女命有旺夫命，男命也有旺妻命，不讓女性專美。

下頁命例是一男命，戊土生於丑月，天寒地凍，壬水癸水出干，這時節的水並不是水，而是冰，水結成冰，如何生育萬物？

所幸戊土坐寅木，寅木是七殺，可以剋土，戊坐於木上，表面上是不利於土的，但是原來，寅中有丙火，可以化解木剋土，生助戊土，解除寒凍，所以古語有云：「**甲申、戊寅，真是殺印相生**」之語，是指表面坐剋，實則是殺印相生的吉利格局。

這格局的八字大都可以逢凶化吉，並且有名氣，兼且得到好的配偶。

排盤如下：

命宮	胎元	財	日元	財	才
壬	**甲**	**癸**	**戊**	**癸**	**壬**
寅	**辰**	**丑**	**寅**	**丑**	**寅**
		己劫	甲杀	己劫	甲杀
		辛傷	丙卩	辛傷	丙卩
		癸財	戊比	癸財	戊比
		天乙貴人		天乙貴人	

（日元與月干財：合）

71	61	51	41	31	21	11	1
辛	庚	己	戊	丁	丙	乙	甲
酉	申	未	午	巳	辰	卯	寅

男人旺妻命

八字內有兩重寅木，都有起死回生之功。

但凡命中有七殺，看此七殺是否為我用，及先要看有否化解七殺的方法，因為七殺是小人、是阻礙，必先要將阻礙清除了，才能夠講到其他。這命是用丙火偏印化解甲木七殺。

用印之人，一生能得到貴人扶助，或者客觀環境改變，而得到順利發展，總之一生人，隨遇而安，無須刻意安排，而自然到時候便有合適的環境變化，能達成目的。這個命的太太，是一位美容機構的老闆娘，做生意相當成功，夫妻間互相幫助，怎樣從他的命看得出來呢？

現在要用「轉盤」轉到以他的太太的一個字為中心，分析一下：

三財透出，哪個是他的太太呢？一般情況下，透出而近日主身邊的正財，就是了。以月干癸妻星為中心排六神。

比	官	妻	劫
	合	合	
癸	**戊**	**癸**	**壬**
丑	**寅**	**丑**	**寅**
己杀	甲傷	己杀	甲傷
辛卩	丙財	辛卩	丙財
癸比	戊官	癸比	戊官

71	61	51	41	31	21	11	1
辛	庚	己	戊	丁	丙	乙	甲
酉	申	未	午	巳	辰	卯	寅
		三十年火運發財					

「轉盤」妻星排六神

癸水冬生，寒凍成冰，喜火暖、木洩、土培，今戊土合癸為好，戊土為夫，互相幫助，但凡女命與夫相合，大都有共同事業，一起打拚。

寅木中有甲木生丙火，是「**傷官生財**」格，主藝術或美容、化妝、飲食等行業而發迹。

癸水身旺喜洩，必然要有自己的事業，因為精力過多，有事業寄託，可以將多餘的精力得到發洩，否則女命形成「**身旺無依**」的格局，絕對不利於姻緣。

不過此命有壬水癸水比肩劫財透出，必定是要從事一些競爭性很大的行業，甚至是近乎惡性競爭的事業，而美容業正是。

兼且，從事惡性競爭行業，是可以化解「**比劫爭夫**」。

看看行運，由三十一歲起行丁巳，火來解寒，此命正正就在丁運內的丁年結婚的，而丁巳是癸水之正偏財，於是美容事業開始發展，由一間小店漸漸成為有規模的公司，財來自有方，接下來的戊午「**正官坐財**」、己未「**七殺通根**」

都是癸水的喜用神，一共三十年財官大運，名利財氣一齊來，事業發展到達高峰時期。

女命行財運，財能生官，所以兼且旺夫，是以他的丈夫在這段時間之內，自己的事業發展也相當順利。

這就是男命旺妻的八字。

娶個怎麼樣的老婆

男大當婚，女大當嫁，討一個怎麼樣的太太，好像是有選擇自由權，但其實是命中已經有一些擇偶的條件，自出生時已經寫在年月日時的天干地支之中，只是後人不察覺。

在《三命通會》的妻妾引例章之內，寫得很清楚，你的太太愛人是怎麼樣的一個人。「正財妻，偏財妾也，且如甲日生，用己為正財，即為正妻，戊為偏財，即為偏妻。

「若日干健旺，四柱見己為正妻，得時令，遇旺鄉，略帶官星，主妻賢明，才貌兼全，因妻遇貴，歲時中有印臨，主妻有財物嫁資……」

看到這裏，有些人可能會覺得摸不着頭腦，為甚麼略帶官星，就代表老婆賢明，及才貌雙全呢？略帶印星，就代表老婆有財物嫁妝呢？

這就是古時的人著書立說時，保留一點秘密，又或者在當時，很多人都明白這種道理，無須講得太清楚，其實就是轉盤的道理。

用財星為主的六神來看就明白：

我的官星，原來就是財星的食神。

財帶食神，即是妻帶食神；食神是聰明文星，就代表老婆是聰明人；只言略帶官星，因為太多官星或七殺，就變成老婆的傷官星了，傷官就會不利婚姻了。

而我的印星，原來就是財星的財星。

就是妻帶財星，財星就是太太的資產了。

這些道理，説明白了，其實十分簡單，不用神神秘秘視之為不傳之秘，現在説明白之後，相信大家以後看古書又應該多一種體會。

「若正財衰，偏財旺顯，主有偏妻緣分，若己字落陷，或坐死絕之鄉，或生春月令，日主健旺，如甲寅等類，主剋妻。」

以上説明了身旺財弱，主剋妻。

「若妻得生旺，星坐衰局，或居死墓之地，主自淹滯一生，受妻妾欺，或再嫁他人。」

以上説明財多身弱，不能任財的後果。

「若甲辰（原書為甲申，特更正），甲戌日，生於甲寅，乙卯月，日主太旺，雖有妻，但比肩分奪，恐不免嫁他人，或被他人所佔，或妻有別情。」

以上說明甲辰、甲戌，是日坐財星，本應有妻緣，但是可惜生於甲寅、乙卯月，是劫財當旺之時，以致不利姻緣。

當大家充分了解了上述內容，就知道，很多真正的所謂秘訣，已經在一千幾百年前被發掘了出來，只是現在後學沒有發現而已，所以學術數命理，是要以古為師，要多看古代前賢的作品，而不是單看互聯網，而現在很多大師的「新發明」，其實只是古人的一枝一葉而已，如果充分了解古人的道理，就已經是高手之中的高手了。

看下頁的命例自明。

例：男命

官	日元		妻財
己	壬	甲	丁
未	戌	辰	酉
己乙丁	戊辛丁	戊乙癸	辛印

原八字排六神

一般正常以日元為主的六神排法：壬水以丁為財，以己為官星，以酉為印星。

妻為主	印	官	食
丁	甲	壬	己
酉	辰	戌	未
辛 財	戊乙癸	戊辛丁	己乙丁

以妻為中心排六神

以妻星為中心點的六神排法，可以清楚看到妻子本身的情況。

丁火以酉為財，而酉是壬水的正印，原命印星就是妻子的財星。丁火以己土為食神，而己是壬水的正官，原命正官就是妻子的食神。所以說：「略帶官星，主妻賢明，才貌兼全，因妻遇貴，歲時中有印臨，主妻有財物嫁資……」

嫁個怎麼樣的丈夫

從女子的命中看她的男朋友或配偶的特點或情況，是我幾乎看每一個女命都要處理的事情，如果是已婚或者有男朋友的女性，可以看看這個八字的時辰是否有錯；二則，未有對象的，可以知道她的真命天子有甚麼特點，可以幫助她找到真正的結婚對象，這是子平命理最為獨特之處，對象的個性、事業、出身、桃花等情況，在八字內都有很大的啓示。

在《三命通會》一書論女命內，就已經將方法透露，只是很多人都錯過，亦有很多看過，但認為是不可能，只是「文人多大話」而已，而忽略了精華。

下頁是書中一例：

夫之正官　夫之食神　夫星

癸	戊	辛	丙
巳	午	酉	申

癸水自己的天乙貴人

夫星帶官，夫食天祿。

「本身專祿，旺不從化，辛用丙官，夫星五月火旺，夫健。留意下列評語：《丙用癸為官，坐貴，見戊為食，同歸祿於巳。》……所以嫁夫官而食天祿。」

以上說了兩個層次：

一是丈夫本身；二是丈夫的老闆本身。

這就是八字的轉盤看法。

用現代的説法是，嫁一個有社會地位的丈夫，可以是商人或高官，老公本身的「老闆」是一個有社會地位、有權力、有影響力的人，對丈夫的事業有很大的幫助。

這是從一個女子的八字之內，看到她的丈夫的情況，不但如此，還看到他丈夫的老闆是一個好老闆或壞老闆，對他有沒有幫助。

這個老闆，説真的，可能是與本命的主人沒有直接的關連，甚至一面也沒有見過，但是通過這種分析的方法，就可在八字內活靈活現。

現在看看下列一個女命：

劫	日元	傷	才
甲	乙	丙	己
申	亥	子	未
官 庚 印 壬 財 戊	印 壬 劫 甲	卩 癸	才 己 比 乙 食 丁
天乙貴人			

72	62	52	42	32	22	12	2
甲申	癸未	壬午	辛巳	庚辰	己卯	戊寅	丁丑

乙木以申為夫

這個女命，先用乙木本身看：乙木生於子月，亥子申一片水地，乙木寒濕，喜丙火解寒、己未土燥土止水、甲木吸水助身，是傷官生財。乙木以申金夫星為天乙貴人，丈夫是她命中的貴人，女命財多更主旺夫。

以上是她自己的情況。

至於她丈夫呢？是甚麼情況呢？

印	杀	日元	才
己	**丙**	**乙**	**甲**
未	**子**	**亥**	**申**（害：亥）
己 卩	癸 傷	壬 食	庚（夫星）
乙 財		甲 才	壬 食
丁 官			戊 卩

未——天乙貴人——申

72	62	52	42	32	22	12	2
甲	癸	壬	辛	庚	己	戊	丁
申	未	午	巳	辰	卯	寅	丑

以夫為中心看六神

申中庚金為夫，庚以未為天乙貴人，未為木的墓庫，即是庚夫的貴人帶財庫了，就是有生意上的貴人。

未又是庚金的正印，是正印帶天乙貴人，不是母親對他有很大的幫助，就是有一個長輩或者大機構，支持住他的成長，幫助他發展事業。

庚金夫星，以月令子水為傷官，傷官為風流、應酬多、人聰明、善機變之才。

庚金夫星，與身邊的亥水相害，亥中有甲木偏財，是庚夫的父親、或情人，就是說明她的丈夫，若非父緣淡薄，就是有小三情人，而會因為這個情人而惹上麻煩。

庚夫上有甲木、旁有亥中甲木、未中乙木、日干乙木，這個庚夫的桃花運也不少，不過原命庚金較弱，不能承受這麼多的財星，但只要行到庚夫的旺運，就可以左右逢源了。

這就是為甚麼男人有財之後就很容易惹桃花運。

這個八字的主人：

- 在二十七歲的卯運結婚，因為合入日支夫妻宮，結婚是理所當然。
- 三十二歲的庚辰運，土金運生助夫星，夫旺能任財，於是在這個大運惹到桃花運，更與情敵大打出手。

為甚麼呢？這是因為申金上的甲木是他丈夫的情人，大運庚金來沖甲，庚金是申金的比肩，即是他丈夫的情敵了。

反過來用乙木來看，這個運是庚金正官，與原命丙火形成「**傷官見官**」，也是惹官司或夫妻感情不和的意思，這一點很多人很可以看到，但如果再以丈夫的角度來看，是不是可以對事件的來龍去脈知道得更加一清二楚呢？

姻緣知多少

很多人都評論過國畫大師張大千的八字，現在以不同角度去研究。

命宮	胎元	傷	日元	劫	劫
丁	**庚**	**辛**	**戊**	**己**	**己**
卯	**申**	**酉**	**寅**	**巳**	**亥**
		辛傷	甲杀	丙卩	壬才
			丙卩	戊比	甲杀
			戊比	庚食	

寅巳刑　巳亥沖

71	61	51	41	31	21	11	1
辛	壬	癸	甲	乙	丙	丁	戊
酉	戌	亥	子	丑	寅	卯	辰

張大千八字

戊土生長在立夏後的巳月，正是火旺土燥之時令，五行是最喜愛水來潤土、並且金來生水，細看此命，有很多值得學習的地方。

- 戊土身旺，不論是用平衡法，或者是調候法，都是要以水為先，但是夏令水太弱，又要用金生水才有用。
- 本命的精華是辛酉時的傷官星，與及命宮的庚申，食神通根，水長生之地，可以洩土的旺氣，又可以生助財星，是謂之一神二用。
- **傷官得用，藝術成名**：傷官是愛自由、愛藝術、愛創作、不喜墨守成規，本命是一位國畫大師，影響深遠。
- **富可敵國，貧無立錐**：現在要求探討本命的財運。看財用年支的亥水，亥水被巳火所沖，又被寅木所合，極不穩定，反映本人心態不以求財為首，正符合人們給予大師：「富可敵國，貧無立錐」的說法。

- **妻星本身看姻緣：**

研究一個人的姻緣，要用兩種盤法去看，就可以一清二楚。首先要看本命有沒有財星？是否可以有足夠能力去使用這個財星？例如命主是否通根？是否得命？是否受剋制？

好了，命主有能力用財星，則要反過來，用妻星為主，看看妻星本身的情況如何？衰旺情況，就可以將姻緣看得明明白白。

- **妻妾一看知多少：**

年月反吟主妻星不穩。

這種結構的婚姻，一生必定應驗生離死別，查本命主人十六歲定親，但未婚妻婚後病歿，正符合妻星逢沖。另外之後有數段姻緣感情，都是因為是年月相沖而引起的。

如果讀者本身有這種結構，不用太擔心，可以有化解的方法，就是離鄉別井異地姻緣，或者遲結婚，或者配偶年齡相差大，或者配偶離過婚，就可以化解。

如果用亥水為主，起六神，可以看得更明白。

印	杀	官	官
辛	**戊**	**己**	**己**
酉	**寅**	**巳**	**亥**
辛印	甲食	丙才	壬 妻星
	丙才	戊杀	甲 食神
	戊杀	庚卩	

（巳亥沖）

71	61	51	41	31	21	11	1
辛	壬	癸	甲	乙	丙	丁	戊
酉	戌	亥	子	丑	寅	卯	辰

年月反吟，妻為主的六神。

可以看出其中一個愛人身體多病患。
可以看出其中一個愛人有藝術專長。
可以看出其中一個愛人是異地姻緣。
可以看出其中一個愛人並不生兒育女。
可以看出其中一個愛人或已結婚。
可以看出其中最少是有四段情緣。
可以看出每一個愛人都是對他死心塌地……方法已說出，請讀者自行領悟。

論專業人士八字

八字有如天秤，要講求平衡，用日主為中心，日主旺，要有剋神、洩神、財神，去消耗日主的精神，否則有如一個精力過盛的小朋友，沒有合適的運動去消耗體力心神，就會將多餘的精力去玩樂或破壞。

相反，如果身旺的命，有合適的用神去調和，尤其是食神、傷官去洩氣，使精神體力得以發揮，則往往能夠在社會上得到成就，在專業上得到名利與發揮。

有一種命叫「**身食兩停**」，就是日主與食神都是通根得地，在現代社會尤為吃香，往往是專業人士，例如專科醫生、會計師、工程師、測量師、藥劑師、律師、名歌星、音樂家，總之是有一技之長，在社會上因為專業而得到名望。

如果命中更加財星有力，格局變成為「**食神生財**」，則專業更加可以得到很好的金錢回報，因而名成利就了。

相反，只有食神、傷官，而沒有財星來相就，那就變成了有名望而財運不濟了，變成了清貴命，只合求學術為主，絕對不宜求利，這種命，如果專心於教命或學術研究，往往會得到大成就。

尤其是命中有七殺星，合成「**食神制殺**」，是一個能成就大名，在學術專業上會得到社會認同的命格。

請看下頁命例。

例：女命

胎元	命宮	才		日元		食	財
甲	丁	乙	沖	辛	合	癸	甲
子	丑	未		丑		酉	子
食神生財		甲乙木通根墓庫				辛金得祿	食神得祿

74	64	54	44	34	24	14	4
乙	丙	丁	戊	己	庚	辛	壬
丑	寅	卯	辰	巳	午	未	申
		木財			火夫		

粵劇名旦命

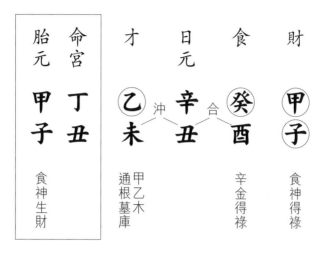

此命辛金命生於酉月，是最旺之月，又叫建祿格，身一定是強旺，兼且是坐下丑土，時落未土，土來生旺金，是強之極了，這種命，必須要在命內找得到剋、洩之神，發洩精神體力，否則就變成了「**身旺無依**」。

如果真的是「**身旺無依**」，就會非貧即夭了。

幸好癸水出干，而且通根於子水，謂之癸水得祿於子，加上秋天金旺水相，就是日元與食神都有力，於是就形成「**身食兩停**」的格局了。再加上甲木、乙木透出，而且生於未時，未是木庫有根氣，又變成了「**食神生財**」了。

往往一個八字，會用多於一種格局去分析，如果再用「轉盤」的方法去看，就會有更多格局了。而且胎元在甲子，食神生財，命宮丁丑，丁火與原命合成「**食神制殺**」的格局。

但是此命是丑日未時，日時對沖，必定勞碌奔波，而且日支為夫妻宮，則嫁夫年紀或個性相差必定較大距離。幸好有酉金與丑土相合，又變成了「**合來解沖**」，否則日時對沖，夫子兩難留。

所以這個八字到手，就有幾種格局出現，可以提供分析的資料：

- 「**身食兩停**」，主專業成名。
- 「**食神生財**」，主名成利就。
- 「**食神制殺**」，藝術自成一家。
- 「**日時對沖**」，一生勞碌於工作，或者工作性質是如此，兼且配夫大，否則志趣不合。
- 「**合來解沖**」，雖日時沖，但有化解，夫星子女星都得以保存。

查行運：

- 四歲至十三歲壬申，傷官通根，學藝聰明。
- 十四歲至三十三歲，南方火運，名氣日隆，火為夫星，夫星得地可完婚，但因為原命日沖時，配夫大自己十多年。
- 四十四歲後，三十年財運之地，名成利就。
- 六十七歲辛未年，因為八字本身有丑未沖，辛未年又沖命宮，晚年沖命宮，財壽有阻，在這年壽終正寢矣。

這是一位粵劇名花旦的八字。

藏干看出父親的秘密

這當然是一個真實的個案。命盤如下：

杀	日元	官	才
乙	**己**	**甲**	**癸**
亥	**巳**	**寅**	**酉**
壬財 甲官	丙印 戊劫 庚傷	甲官 丙印 戊劫	辛食

（己甲合；亥巳沖；巳寅刑；亥寅合）

75	65	55	45	35	25	15	5
壬戌	辛酉	庚申	己未	戊午	丁巳	丙辰	乙卯

食神得用，必定聰明。

一個母親來算自己女兒的八字，因當時女兒年紀小，大約只有四五歲，而母親來算一下子女的八字的目的，是了解一下他們的本質、個性與特長，對於栽培一個小朋友成才，是有很大的益處。

「這是一個聰明的小朋友，多言多語。」我以這句說話來做一個開場白，因為這個命己土生於正月雖弱，但坐下有巳火相生，木火連成一氣，雖弱而有用，而年支的酉金為食神，凡命中能用食神的，都是聰明人，言語多。

「我的女兒學習東西比較快，年紀很小就會開口說話了。」她的母親這樣回應。這當然，身弱以印為用的人，通常母親都會對她特別關心，得到母親的愛護。

己土的特性是濕土，最愛丙火暖、癸水潤，此命有丙有癸，有最基本需要的元素，所以是一個不錯的八字。

但是，我看到了：亥巳相沖，亥寅相合，寅巳相刑……

「這小孩的父母感情出現了問題。父親帶雙妻，一合一離。」

「對的，的確是如此……」

這個中的道理，了解轉盤的看法，就很容易明白。

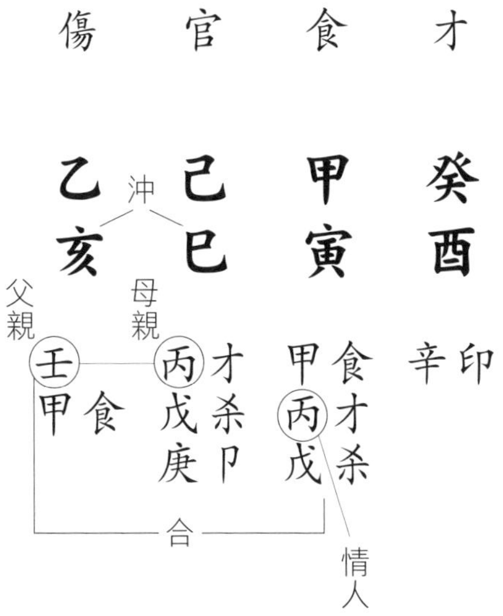

用亥水排六神

因為亥水為父，與巳火之生母相沖。己與巳同柱，當然就是生母了。

那為甚麼說父有雙妻呢？這是因為亥水合寅木，而寅中有丙火之妻，就是父親的第二個老婆。

「就在大約這個女兒出生時候，他與家中的外傭搞上了，我就是想與他離婚。」

離婚時候可以真正解決問題嗎？看這個與父親相合的寅木之內：

有甲木，是亥水父親的食神，而食神就是伙記、下屬或傭人；

有丙火，是亥水父親的偏財，而偏財就是小三或偏妻；

還有……戊土，戊土是亥水的甚麼？天哪，是亥水父親的七殺，七殺就是子女星。

對了，這外籍傭人已經替他產下了一子。

這就是寅亥六合糾纏不清的最佳演繹了。而且這個寅木與巳火母親的相刑，已經弄到這母親頭昏腦脹，煩惱不堪了。

當你面對這樣的一個八字組合，你能不能說冥冥中，是不是有命運的安排，當了解人生有時會受大自然的力量所影響，就會豁達得多，不應自怨自艾，或者自暴自棄，而鑽牛角尖，因為這就是人生的過程，每一個人都有不同的劇本。

現在人看八字就只看自己日元的喜忌，而忽略了其他人的喜忌，這樣我們就會忽略了很多東西，將人生分析不夠全面了。

所以我看八字，很多時是有親歷其境的感覺，就好像在說人生的故事一樣。

有病方為貴

算命有口訣，其中一條是：

有病方為貴，無傷不是奇，格中如去病，財祿喜相逢。

怎麼解釋呢？這個「有病」不是真正疾病的病，而是八字中「五行的病」，例如八字內的不平衡，過強、過弱、過燥、過寒等都是。

或地支內有用神被沖、被合、被刑、被害……都是有病的八字。

天下間有病的八字，其實就是告訴你一點吉兆，使人生有精采的生命過程。

此話怎解？有很多八字，五行平衡，身旺財旺，或夫星得令，五氣平均，不能不謂之好命，這種命大多是自出身就享有父母的福澤，「住洋樓，養番狗」，出入有司機保姆接送，不用為金錢而擔心，一生都活在上等人的生活，是好命吧？但是因為金錢不是自己經過辛勞得來，往往覺得是理所當然，生活平淡，又或者會覺得一生人都是活在父母的庇蔭之下，覺得不是味兒，人生欠缺高潮。

相反，八字有病的人生，大多是出身比較普通，或者出身貧苦家庭，起碼是要經歷過一些人生的低潮、不論是事業、感情、金錢方面的煩惱，而後經自己奮鬥，或者因緣際會，而得到成就，正所謂吐氣揚眉，人生有高潮低潮，更能感覺到人生的完美。

這就是「**格中如去病，財祿喜相逢**」，意思就是行大運流年時將八字原來的「病」去掉，就得到財祿名望了。

例：男命

杀	日元	比	杀
己	癸	癸	己
未	亥	酉	丑
己杀 乙食 丁才	壬劫 甲傷	辛卩	己杀 辛卩 癸比

（酉丑：合；未丑：沖；丁圈出）

78	68	58	48	38	28	18	8
乙	丙	丁	戊	己	庚	辛	壬
丑	寅	卯	辰	巳	午	未	申

（巳、午、未圈出）南方運好

合而解沖，逢凶有救。

這是一個有病的八字，病在哪裏呢？病在丑未一沖，將未中丁火沖去，但幸好有酉金在丑土身邊，丑酉一合，可以減輕丑未之沖。

這就是合而解沖，但本身就是一個有病的八字。

看原命癸水生於秋令，金白水清，日坐亥水幫身，又有癸水相助，日元不弱了，能任財官了，己未土為殺得地，己丑土又是殺得地，殺不弱，是殺印相生，清貴之命。但是丑未一沖，丁火之妻財受制，這就是病，要有去病之大運，就可以「**財祿喜相逢**」。

- 他是在內地出生。前行壬申大運，十八歲前，有志難伸。
- 後二十三歲未運，有火土暖身，但沖丑土，是去忌神之病，於是移民去了澳洲。
- 後二十八歲的庚午運，午火是用神。最重要是午火合未土，合而解丑未之沖，一神二用，一為五行之補足、二為解沖之用。是以在午運結婚。

● 己巳運生子。為甚麼呢？

原來巳運是巳丑酉三合局，解去丑未之沖，將未中丁火與乙木釋放出來，而未就是子女宮，因此有得子之事。

而且，巳火又沖亥水日支，驛馬多動，在巳運內因工作關係需要中港兩地奔走。

所以在巳運內，是沖夫妻宮，以致夫妻聚少離多，並且妻有手術開刀之事情出現。

此命是一位酒店業的高層。殺印相生，就是大公司或政府高官的格局。

此命如果是女命，大運相反，經歷不到巳、午、未運，又或者是移民去了英國、加拿大等地，人生的際遇，必定有天與地的分別。

江霞公太史

他是第一代食神；

他是著名粵劇編劇家南海十三郎的父親；

他是太史菜、太史蛇羹的發明人；

他最少有十二妻妾。

根據太史公孫女，江獻珠女士的著作：《南海十三郎》一書中，有提到霞公的為出生的八字是：乙丑年、丁亥月、癸未日、甲寅時。

排盤如下：

	食	才	日元	傷	胎元
天干	乙	丁	癸	甲	戊（官）
地支	丑	亥	未	寅	寅
藏干	己殺 乙食 丁才	劫 傷	己殺 乙食 丁才	甲傷 丙財 戊官	甲傷 丙財 戊官

寅亥 合；未丑 沖

1	11	21	31	41	51	61	71	81
丙戌	乙酉	甲申	癸未	壬午	辛巳	庚辰	己卯	戊（官）寅（傷）——傷官見官運

太史公命

癸水命生於亥月冬季，是水旺之時，漸結成冰，五行最愛木火相生，命中有甲乙木，食神傷官，代表衣祿享受，甲木自己本身坐祿旺相，乙木通根於亥未半拱木局，亦旺相有氣，所謂「**明朝不如暗拱**」，宜其合乎其為太史蛇羹之發明人。身旺用食神傷官生財，一生享受無窮。

食神又是交際應酬之星，凡命中有食神或傷官透出的命，一生都會應酬很多，其中以傷官星為甚，因為傷官星代表酒色財氣。

「霞公交游廣闊，不論上中下流人物，他均能與之往還……」

「賦性則聰敏過人，每每可能不學而知，所為文章，開門見山，氣勢如長江大海，滔滔不絕……」以上特點就是傷官星的最佳形容詞。

「粵之南海人，年少時好動，終日如蝦之跳，時人給他的綽號曰：江蝦，他遂另起別號曰霞公，其意取霞字與蝦字可以諧音……」這是因為他命中年與日丑未相沖，動多靜少，但凡命中有相沖，都會有這種情況。

而丑未相沖，是土沖土，是代表地域改變，即是有移民、離鄉別井的情況出現。

此命出生當日為癸未日，未為日支夫妻宮，未中有己乙丁，是癸水命主的甚麼？

是偏財、食神、七殺，是火的餘氣，火是妻財之星，丁火是偏財星，命訣有道：「**日坐偏財妻妾眾**」，加上丁火偏財透出，又有甲乙木生丁火，是以一生中女緣不絕，成就十多位妻妾女伴。

如果妳的丈夫有這樣的八字組合，在現代真的是哭笑不得了，如何化解？有否化解方法？

答案是夫妻一同去多一些旅行，花前月下，找多一些新鮮的事物，刺激一下平淡的生活方式，就是化解桃花的方法。

按命理推算數目，是根據太玄數：

甲己子午九，乙庚丑未八，丙辛寅申七，丁壬卯酉六，巳亥無干四。

命中丑未沖妻宮，丑未沖八數，旺相加倍，即是可以有十六位之多。

這種取數方式，往往十分靈驗，但凡有相沖一組出現，都可以舉一反三，現在筆者和盤托出，留以後學。

若果要看一個人命中跟誰人最有緣分，就看：

日元身邊左右是甚麼六神？

坐下是甚麼六神？

愈近則愈有緣，愈遠則緣分較為淡薄。

看江太史癸水日主，身邊有丁火偏財是女人；坐下未中丁火是女人；時干甲木傷官是桃花應酬，所以一生妻妾成群。

所以看八字，要圖畫化、形象化，就會簡單得多了。

本命胎元戊寅，寅中丙火也是妻星，可惜戊土官星坐寅木是「**傷官見官**」，戊土又與原命甲木形成「**傷官見官**」，行運八十一歲起戊寅又是「**傷官見官**」，流年八十六歲庚寅年，甲木通根於寅太歲，歸於道山。

伏吟的秘密

劫	日元	印	卩
乙	**甲**	**癸**	**壬**
丑	**子**	**丑**	**寅**
己財 辛官 癸印	癸印	己財 辛官 癸印	甲比 丙食 戊才 驛馬

74	64	54	44	34	24	14	4
乙巳	丙午	丁未	戊申	己酉	庚戌	辛亥	壬子

寒木喜火，大利南方。

眼前是一位外貌怎樣看也不像四十二歲的北方女士，在一個飯局的場合，因為是主人家的極力推薦，也是主人家的好朋友，希望我可以指點一下。

這種情況我都已經習以為常，現在是很方便的用智能手機排開八字，不到兩三分鐘，便可以一目了然。

「哦，妳早年便離鄉別井。」我說。

「對的，很早就離開家庭了。」她淡淡的回應。

這是由於出生年的寅，是她命中的驛馬星，年柱是代表十八歲前的早年，所以這樣判斷。

「但是妳會有雙重的父母，比如父母離婚之類……」我進一步判斷說。

「啊……這對的，父母是離婚了。」她淡淡的眼神，忽然有了一點反應。

這是因為代表母親的正印及偏印星，一同在年、月干同時透出，再加上代表父母宮的月柱地支，與時柱是伏吟，故有這種判斷。

「而且，妳的父親，會另外再結婚，也可以說是妳有後母。」我依照八字的結構，隨意地說。

「這是的，我爸已經再婚了。」她面上漸漸露出了一些好奇的神態。

為甚麼這樣說呢？可以利用轉盤的方法排出父親的六神，這個命以己土財星為父，尤其是年月的財星，如果是月支的財星，就可以定位為父親的代表，用丑土為中心點，去排六神，就一清二楚。

排盤如下：

杀	官	才	財
		偏妻	正妻
乙	甲 合	癸 合	壬
丑	子	丑	寅
	偏妻	父親	
己比 辛食 癸才	癸才	己（圈） 辛食 癸才	甲官 丙印 戊刼

74	64	54	44	34	24	14	4
乙巳	丙午	丁未	戊申	己酉	庚戌	辛亥	壬子

用己排六神

丑土上有偏財壬水為正財，代表頭妻，也是本命的生母；又有癸水為偏財偏妻，也就是本命的後母；更有子水偏財與丑土相合，丑土是月令最旺，必定可以任財，看來她父親的姻緣桃花也不少。

「而且，妳也有一些不同父母所生的兄弟姐妹。」我再深入地說。

「這都可以在八字內看得到嗎？」她面上漸漸有一些驚訝的表情。

看丑土與身邊的寅木暗合，合就是有情、有緣、有連繫，寅是丑的官星，丑土父親以官星為子女，也就是她不同父母的兄弟姐妹。這個暗合，就是代表在這位女士面前不公開、不來往的異母兄弟姐妹。

然後，我將會說說這位女士最關心的感情事。

「若果早婚的話，將會離婚再嫁。」我單刀直入地說。

「我已經離婚了……」她回答。

看她夫星不現，藏在墓庫在丑土內，再加上丑土伏吟再現於時支，這就說明了兩次婚姻事。

至於離婚的理由，八字內說得清楚明白，都是因為另一半惹上桃花而引起，這是由於丑土內的辛金，與寅木暗合，而寅木就是辛命的妻妾。暗合，也就是暗渡陳倉。

「妳再婚的對象，不要選錯，要找一位已經離婚的男士。」我繼續地將她希望知道的事情，一一告訴她。

她看看旁邊的好朋友，發出了會心微笑，我就知道，我已經將她心理的疑難解開了。

「對的，我正在與一位已經離婚的男士交往中，並有計劃結婚，但是因為之前的婚姻不如意，正為此事猶豫不決。」

月柱丑中的辛金是第一任丈夫，時柱丑中的辛金，是她第二任丈夫，丑上有乙木，就是第二任丈夫的前妻了。

見以下命盤：

（頭妻）	（二妻）		
才	財		
乙	**甲**	**癸**	**壬**
丑	**子**	**丑**	**寅**
己 卩	癸 食	己 卩	甲 財（三妻）
辛		辛 比	丙 官
癸 食		癸 食	戊 印

74	64	54	44	34	24	14	4
乙	丙	丁	戊	己	庚	辛	壬
巳	午	未	申	酉	戌	亥	子
							父之妻妾運

辛金丈夫有兩三妻

至於她早婚的時間，可以在大運內找。

- 四歲壬子，是丑土父親的妻妾運，正是父母離婚之時。
- 十四歲辛亥，正官是本命的官星，正是桃花開始。
- 二十四歲庚戌，庚運七殺桃花運結婚、戌運刑丑中辛金夫星，主離異。
- 三十四歲己酉，財生官旺，酉金運三合姻緣局，此時不嫁，更待何時？

後記：這個八字可以深深體會到「**比劫爭夫**」、「**月支伏吟**」、「**暗合財星**」、「**暗合官殺**」的種種定義。

第四章 典籍摘要

《淵海子平》

《淵海子平》是一本成於宋代的作品，是宋朝徐升，以人的出生日為命主，分別配合五行而為六神：財、官、印、比劫、食傷等，議論精微，集諸家之所長，流傳至今。

本書是最基礎，最原始的子平八字推算方法，在此之前，推算命理是以唐朝的大夫：李虛中，用出生的年、月、日、時，納音等，生剋旺相，休囚制化，決人生禍福，論命以年干、胎元為主，據說也是應驗如神。

後徐升改以日為命主，以年為祖基、月為父母兄弟、日為自己及配偶、時為子女兒孫。更加合乎邏輯事實。

而以後的命理著作，例如：《三命通會》，當中就有很多的理論基礎，是由《淵海子平》之內容而加以引申，而加以發揚光大。

現在多人學算命，都千方百計去希望得到一些秘訣，甚至乎會用金錢鉅款去購買一些經過包裝及吹噓的講義，結果當然是失望的多，現在網路上很多所謂秘訣、創新及新發明等，鋪天蓋地在網上出現，令人無所適從。

但是《淵海子平》一書，真的是秘訣滿紙皆是，如果可以細心閱讀，用心領悟，必定得益不淺，不用沉醉於近代的名師秘訣了。

試看書內論小兒一章：

凡小兒命見財多，必庶出螟蛉，剋父母也。幼年行運於財旺之鄉亦然。

並附一例：

才	癸酉	食	辛
才	癸亥	財官	壬甲
日元	己丑	比食才	己辛癸
杀	乙亥	財官	壬甲

過房繼養命

此命四柱財重，自分娩後，幾乎俱亡，未歲餘亦亡，乃過房繼養。

我們首先不要用剋父母的角度去看小兒命，而應該用同情的心態去看待，因為父母有他們本身的命理，若果他們要過身，即使這個小孩沒有出生，他們都是會過身的事實是不會改變，只不過，我們可以從小孩的八字內，看到父母的運程，亦應該理解到，不是這小孩的責任。

為甚麼強調財重？財為重為甚麼會刑剋父母？

原因是財旺必然剋印星，印星是母親，是保護我的人、庇護我的場所，所以財旺就父母的環境必然有改變了。在現代而言，很多時是父母離異、單親家庭、父母健康變壞、父母運程極差等等……

這可以多找一個契媽、義父母化解。又可以與子女聚少離多等，例如子女外出讀書，與父母分開地點生活一段時間也是化解方法。

這亦解釋很多自小父亡、或母亡的人士，後多成為了社會上的巨富，原因就是命中財星太旺，所以自小會有刑剋父母之事情，但是到了中年行好運的時候，能夠任用財星，而成為巨富。

這只是一個很隨便在《淵海子平》找到的例子。尤其是有關於判斷父母、兄弟姊妹、夫妻、子女等六親的方法，都在書內有訣竅。

當你學了八字很多年，知道捉用神了，但不知如何判斷日常實際事情，本書不可錯過。

《淵海子平》是學習子平命理必讀的書籍之一。

《滴天髓》

習命之人，不可單單看現代人的作品，必需要求之於古籍，要知道，萬變不離其宗，尤其命理學，一定要追本尋源，才不致被一些不正確的資訊誤導，而且現時電腦手機年代，不愁沒有資料，只怕資料太多，令你真假難分，現在是要學習分辨資訊的真或假。

命學要書之中，《滴天髓》是學習命理者必讀的書本，其書原作謂由明朝劉伯温所作，故勿論是否真的是劉伯溫所作，或者是其他人托名所作，都不失本書的內容價值。依據原文分析、引申演繹的版本頗多，而其中以任鐵樵氏的一個版本，最為流通，書名為《滴天髓闡微》。

書中內容全部以正統五行生剋制化為主線，而神煞、納音等完全不用，將子平命理納入一條可以有所依據的道路，兼且，內容文筆典雅，理有所依，令很多讀書人、知識份子，讀後都大感興趣，覺得並非是一般江湖伎倆，而可以登大雅之堂，從而醉心研究子平學術。

任鐵樵先生生於清朝乾隆二十八年四月十八日辰時。八字排盤如下：

杀	日元	食	官
		合（戊癸）	
壬	**丙**	**戊**	**癸**
辰	**午**	**午**	**巳**
戊食	丁劫	丁劫	丙比
乙印	己傷	己傷	戊食
癸官	刃	刃	庚才
			祿

庚	辛	壬	癸	甲	乙	丙	丁
戌	亥	子	丑	寅	卯	辰	巳

任鐵樵命

丙火生長於夏天，旺極，必須要水調候，癸水在年干，通根於辰庫，可惜癸為雨露之水，本質較弱，又被戊土所合，水被燥土吸乾，不可以為用。

而生於壬辰時，為用神所在，壬水通根於辰水庫，用神有根，是重點。

看年月日火旺之極、陽刃臨月日，劫財當旺，自然剋盡財星，是以「上不能繼父志以成名，下不能守田園而敗業、骨肉六親直同畫餅，半生事業，亦似浮雲……」，這是由於以財為父、比劫剋財之故。

而且，比肩劫財旺於月令，自然兄弟姐妹緣分淡薄，兄弟姐妹愈少愈好，最好是獨生子，則不會刑剋兄弟姐妹，但是在古代，子女成群是常態，所以必然有刑剋、爭產、不和的情況出現，這就是「骨肉六親直同畫餅」的原因。

看原命財星微弱，藏於年干巳火之內，夏天的金為囚死之時，加上早年行木火運程，以致在卯運內有「骨肉之變，傾家蕩產」的事情發生。卯運不好的原因是：

其一是木生火忌神；其二是木吸水用神洩氣；其三是卯木與原命辰土用神相害。

任鐵樵命中的辰為食神文星，濕土洩旺火，文星得用，難怪能夠寫作出一本能夠流傳後世數百年的命學巨著。用神在時辰，晚運大都順利，而鐵樵先生在父親死後，「潛心學命，為餬口之計」而得以改善生活環境，兼且可以著書立說，而成為一家之言。

熟讀本書，對於子平八字的五行分析，取用神方面必定有幫助，一個八字到手，不會在「捉用神」方面無所適從。本書是學習子平命理必讀的古書之一。

《神峰通考命理正宗》

作者張楠，臨川西溪逸叟張神峰，明朝時人，集明以前命理著作而將之統一，而集大成，再加上自己的心得意見，將子平命理的運用方法，一一介紹，去蕪存菁，認為不正確的東西時便更正，認為實用的東西就保留，言語之間，黑白分明，並無半點含糊其詞，雖然其中有些意見是值得商榷，但整體而言，都是一本水平相當之高的作品。

本書與其他命書籍最不同之處，就是書裏面的命例，都是以他自己及家人比如妻子，兄弟，父母，與及親戚等作為真實的藍本，令人覺得十分有誠意，並沒有造假的感覺。

現在看看下頁他本人的八字：

劫	官	日元	食
	沖	合	
甲	**庚**	**乙**	**丁**
戌	**午**	**亥**	**丑**
財戊 杀辛 食丁	食丁 才己	印壬 劫甲	才己 杀辛 卩癸

辛	壬	癸	甲	乙	丙	丁	戊
未	申	酉	戌	(亥)	(子)	(丑)	寅

《神峰通考》作者張楠命造

張楠自評：

「乙木生午，透出丁火，為真傷官，奈何庚金貼身制我，而不能用丙丁火也，所以青雲志弗克就，只為此一點庚金羈絆，再行壬癸，傷損丁火，愈不能制去官星，故多蹇滯，後來頗遂者，行甲乙丙丁，蓋因能去庚金也，然又只畏天干之壬癸水，蓋因丁火露出，火少故也，不畏地支之水，因為地支火多，有土去水耳。」

張楠前輩的命，雖然官場不就，但就因為食神透露為文星，坐下亥水幫身，是「**食神配印**」，中晚年行乙亥、丙子、丁丑運，得以寫出一本流傳後世的命理巨著。

本書對於六神的演繹最為詳細，尤其是在女命方面，例子特別多，皆因古代，重男輕女，論命都是以男性的官祿及財富作為依歸，至於女命，很多時命書之內，都只是用了很少的篇幅去介紹，而實例更加之少矣。

試舉書中一例。

女命：

食（合）	日元（合）	官（沖）	傷（沖）
庚	**戊**	**乙**	**辛**
申	**戌**	**未**	**未**
庚食	戊比	己劫	己劫
壬才	辛傷	乙官	乙官
戊比	丁印（刑）	丁印（刑）	丁印

癸	壬	辛	庚	己	戊	丁	丙
卯	寅	丑	子	亥	戌	酉（傷官通根，剋死夫星）	申

《神峰通考》女命例

張楠評：「戊生未月，乙木夫星透出，庚金子星透出，俗儒推其夫明子秀，不知乙木被金破之，未中乙木，被丑中辛金破之，夫星受制太過，雖有庚金子星，夫星既制，子安可生乎？大運入酉，乙木損重，自纏死矣。」並評之為：貧夭女命，夫受制格。其詳評可謂一針見血，絕不含糊其詞。

難怪前賢韋千里在序文中說道：「說理深湛，記載翔實，敢道人所不敢道，能言人所不能言，固有精警獨到之處，宜其流傳至今，研究命理者，皆奉之為圭臬焉。」可見得此書的江湖地位，是相當之重要。

這是學習命理者必讀的古籍之一。

南袁北韋（一）

學習八字的人，相信都一定讀過韋千里與袁樹珊前輩的著作。

韋千里是北方人，袁樹珊是南方人，故此有南袁北韋的稱號。韋千里自己本身的著作很多，計有《呱呱集》、《千里命稿》、《占卜講義》、《知命識相五十年》等等……是子平學者的珍貴參考書。

韋氏本身自述算命乃是家傳，父親本身就是玄學家，但可惜早歸道山，韋千里當時只是二十歲，後來繼父業為生計，繼而成名，但仍謙虛自言：「雖繼父業謀生，但閱歷不夠，推算有驗有不驗，生意時好時壞，生活絕不穩定，惶惶乎不可終日。」

這位前輩批命，判斷清晰，黑白分明，絕無半點含糊不清，而且理論學術性高，往往先分析八字的來龍去脈，然後才下判斷，是有根有據，並非空口講白話，如此一來，更有利於後來的學習者，就好像醫生看病，先解釋病因，然後如何用藥一樣。

後在六十九歲著書之內有自題一詩道盡自己玄路心情：

任憑滄海變桑田，甲子循迴總自然，
早歲師承星士術，平生誼結達人緣，
虛名浮世春秋老，命相參機五十年，
轉瞬從心行所欲，倦飛似鳥也知旋。

先生在他的著作《呱呱集》內，就有自己評自己八字的文章，寫得十分中肯，當時他是五十二歲，分享如下：

劫	劫	日元	比	胎元	命宮
辛亥	辛卯	庚子	庚辰	壬午	丁酉
食壬 才甲	財乙	傷癸	卩戊 財乙 傷癸		

8	18	28	38	48	58	68	78	88
庚寅	己丑	戊子	丁亥	丙戌	乙酉	甲申	癸未	壬午

韋千里八字

「識者咸謂憾之於無火。然春金固非當令，乏土之生，則且無根。縱天干庚辛林立，子平真詮云：『得三比肩，不如得一長生祿刃』，可見徒多比劫，而日元無氣，非是真強。矧又亥卯會成木局，子辰會成水局，水與木皆有挫於金乎。火能榮金，有火固可顯達，無火則一寒儒而已。然寒弱之金，逢微火當可得志，逢巨火則不勝其剋，或且因貴顯而惹禍殃。此孔子所謂『過猶不及』者是也。若云：水木兩局，財星甚旺，亦滴天髓所謂『何知其人富，財氣通門户』者歟。無如身不任財，難免『富屋貧人』之譏，正合我今日之筆耕終朝，硯田枯澀者也。然則富貴皆無大望，我將永自韜養矣。嘗以身弱之命，與身強之命相較，同走好運，同處美境，而其速率與成份，大相懸殊，身強者每過於身弱者，此余屢試不爽，故益信拙造之身弱，恐終其身不過爾爾也。查行運。丑運尚屬順利，戌字更進一步，子運阨於病與病酒色，因蓋頭屬戊，故無生命之危。丁運稍濟，亥運伏櫪。丙運頗著虛名。明年行戌運，更上層樓，有名或亦有利矣。乙運不大佳，當死於六十五歲乙卯年。」

查此命：

- 二十歲庚午年父死。
- 二十二歲壬申年結婚。
- 二十六歲丙子得子。
- 死於七十六歲丁卯年。

壽由德積，並且與生活地域有很大關係，千里自言命中需要微火，而晚年在中國南方地區生活，自可以影響壽數，所以與自批的壽數延長了十二年，正合古人所言：「有德者延壽一紀」的說法。

學者可以自己研究其中原因。

南袁北韋（二）

袁樹珊八字如下：

命宮	胎元	財	日元	食	杀
甲	戊	戊	乙	丁	辛
午	子	寅	巳	酉	巳
		甲劫	丙傷	辛杀	丙傷
		丙傷	戊財		戊財
		戊財	庚官		庚官

（寅巳：刑；酉巳：合）

71	61	51	41	31	21	11	1
己	庚	辛	壬	癸	甲	乙	丙
丑	寅	卯	辰	巳	午	未	申

袁樹珊命造

根據袁氏自評：

「乙木秋生、凋零現象，幹枝金重。更屬摧殘，取幹火制幹金，枝火制枝金，四金適逢四火，似覺木不畏金，然若無命宮比劫長生之資助，木衰火盛，能無盜洩之患乎，如是觀之，用神似取月幹丁火，其實在命宮甲木午火也，惜八字缺水，科第難登。嘗聞先父昌齡公云，汝未生時，月明星朗，將生時，密雲大雨，既生時，雲雨忽散，星月猶存，而天方破曉，雖五行缺水，得天時交水以補之，究勝於無。」

袁樹珊論八字命理的特色，是非常注重命宮，而行運更加注重小限，就好比他的自評八字，就可以知道，乙木秋生，金旺木死，全賴時支寅木助身，但終歸是金太旺，而且巳酉會金局，乙木必不能敵，全賴命宮甲木助身；兼且，命中欠水，袁氏認為出生時下雨，有補助之功，這一點，亦可以作為論命時之參考。

如果再深入一點看看胎元，原來胎元是戊子，子水可以補足命中缺水的不足，兼且，子水是乙木的「天乙貴人」，對命內不無補助之力。

這八字是：

「**食神制殺**」，專業成名，利於著書立說，流傳後世，袁氏不但命理專長，而且精通大六壬，他的《大六壬探原》，更是難得的六壬好書，入門必讀。其他著作有：《命理探原》，是論八字入門好書；《命譜》一書，更是羅列出古今中外名人八字及其事迹，所費精神、資料集結等時間，其刻苦非外人所能道；《選吉探原》一書，依照正五行，協紀辨方書，是擇日入門必看之書。

我認為，這四部探原，是玄學家必看之書。

查袁樹珊八字，火剋旺金，中年行火運，制過七殺，七殺為子，致有長子、三子之早殤。五行缺水，母緣不顯。

- 早行十一歲交丙申運刑巳父母宮，申中壬水為母，是以七歲丁亥年母死。
- 十一歲交乙未，乙雖幫身但柔木不敵旺金，平穩之運，學醫不成，轉而習命理。
- 二十一歲交甲午運，甲木幫身、午火破酉，一喜一悲，喜則結婚生子，悲則次子早殤。兼且甲運剋戊，戊為財為父，是以甲運內父亦死矣。
- 三十一歲交癸巳，癸水助身化殺，巳會酉金合局，事業發展好，長子亦殤矣。

- 四十一歲交壬辰，壬水通根於辰，辰為乙木餘氣幫身，是以為一生中最好運。
- 五十一歲交辛卯，沖地酉金，七殺乘旺，病痛來犯，事業不前。
- 六十一歲交庚寅，庚運不吉，寅運劫財幫身，再次為人批命。
- 七十一歲交己丑，三合七殺，己土助殺，雙目失明，尤幸時落用神，晚年兒孫成群，老伴仍在，可慰平生。

現將袁氏大事流年紀錄，以供參考：

- 七歲丁亥年母死。
- 二十一歲辛丑年結婚。
- 二十二歲壬子年、二十三歲癸丑年，連生兩子。

- 二十五歲丙午年，四月父死、潤四月次子死。
- 三十二歲壬子年生三子。
- 三十三歲癸丑年長子死。

袁樹珊為人批論命理，並不單單說五行休咎，吉凶禍福，很多時都言道理，說人生，講道德，論五常，孝父母，親兄弟姐妹，重道義，是我最為敬佩的地方，雖則是小道之術，用之正可以有益於社會人心；用之歪則令人鄙視，袁樹珊前輩是用之於正的典範。

徐樂吾

命理前輩之中，不能不提徐樂吾，因為他的著作很多，都是很有參考價值，而古時命學家大都會將自己的八字拿出來自我品評一番，而成為當時的風氣，在眾多的命理學家之中，自評命造的，而能夠正確地預測自己的死期的，徐氏是其中一人。他的作品如下：

《造化元鑰》、《窮通寶鑑》、《命理尋源》、《雜格一覽》、《命理一得》、《子平一得》、《子平粹言》、《滴天髓補註》、《寶鑑例悉錄》、《古今名人命鑒》等等。

其中最有參考價值的當以《造化元鑰》為先，而《窮通寶鑑》、《寶鑑例悉錄》，都只是《造化元鑰》的另一版本及引申之作品，內容都不比造化一書完整。

《造化元鑰》一書內容，全都是提到八字的「捉用神」，五行氣候，十干性情，是論命的必要基礎，本書尤其注重於調候，甚至乎說這是一本以調候為主導的命書，也不為過。

熟讀本書，論命就有好的基礎，但本書的判斷，是以富貴、功名為首要課題，在判斷六親等事情，就非當簡單粗糙，最常用的就是：「以用神為子，生用神者為妻」，如果只以這原則判斷六親，並不全面，碰釘的機會很高。

不同的古書，有不同的長處，必須要融會貫通。

以下是徐樂吾的八字：

命宮	胎元	比	日元	杀	比
癸	**癸**	**丙**	**丙**	**壬**	**丙**
巳	**未**	**申**	**申**	**辰**（沖）	**戌**（沖）
		庚 才	庚 才	戊 食	戊 食
		壬 杀	壬 杀	乙 印	辛 才
		戊 食	戊 食	癸 官	丁 劫

70	60	50	40	30	20	10
己亥	㊀戊戌 63歲死	丁酉	丙申	乙未	甲午	癸巳

徐樂吾八字

徐樂吾自評：「從前未解命理，請術者推算，或者以干透三朋，獨殺透清，謬以有為相許，或者以丙臨申位逢壬水，夭壽之徵，危言聳聽，余以其言未能滿意，發心自己研究，始知術者之言，皆不相干。

「天干三丙，通根戌庫，弱中之旺，三月火相，必須壬甲並透，蓋丙為太陽之火，不畏水克，反起其潤，若無壬水透出，必愚蠢下賤，必非現在之地位也。但用殺不可以例言制，壬水通根于申，又得辰申相拱，獨殺頑頗強，丙臨申位絕地，雖通根戌庫，干得比助，決非其敵，必須用印以化之，四柱不見甲乙，所以壯不能用，老無能為也。

「年上干比支墓，所以出身世族，椿萱早失；印綬不見，萱蔭亦不常；三比幫身，故弟兄三人，頗得互助之益，才滋殺為忌，土晦火宜非喜，故妻子均不得力。丙為太陽之火，四柱純陽，故性情燥急孤傲，落落難合也。行運癸水助殺，大病幾殆，幸坐巳火，轉危為安，十四歲失怙，家庭多故，巳運丙火得祿，讀書考試尚利，得列庠序。

「甲運偏印化煞，可惜局中木無根，雖出場甚利，置身政界，不能有所作為，午運丙火祿旺，值光復，諸事尚利。

「乙運甲寅乙卯年，運歲均吉，再入政界，承上峰青睞，前途似有無限希望，亦以局中無根，虛花而已，未運燥土晦火，丙火不畏水克，獨忌土洩氣晦光，一病數年，精神委頓。一交丙運，不藥而愈，比肩分財，雖無大利，然而幫身為吉。申運才來滋煞，流年壬申癸酉，遭一二八之變，幾乎傾家蕩產，尚幸丙火蓋頭，不致一敗塗地，無以立足。現尚在申運，雖流年尚利，未敢妄動也。將來丁運合壬化殺，在運為佳，然而年已五十外，老無能為，或者不致有衣食虞乎。酉運同申，而勢較緩，或不致再遭大變如一二八之役乎，戊運燥土晦火，壽元至此而終，如六十一歲不死，當至六十三四。」

結果，樂吾先生，以心臟病之不治，而死於六十三歲戊運戊子年，先生樂天知命，當之無愧。

鄺偉雄掌相堪輿館

廠房店鋪　商廈住宅

陽宅風水　陰宅遷移

樓宇選擇　動土遷移

掌相八字　流年運程

本港國內　歡迎預約

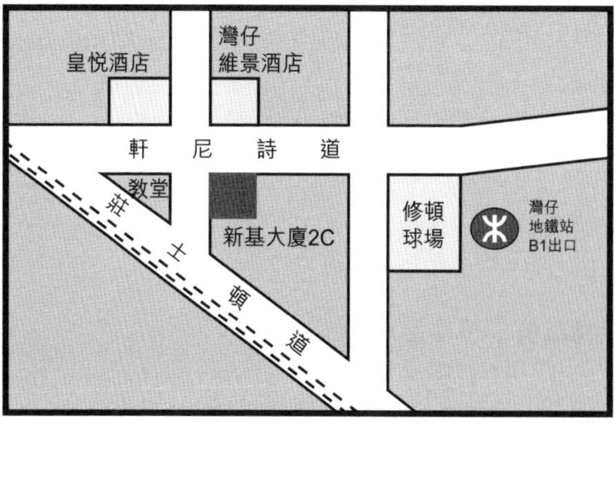

子平通考

作者

鄺偉雄

編輯

梁美媚

美術統籌及設計

Amelia Loh

美術設計

YU Cheung

造型攝影

Polestar Studio

出版者

圓方出版社

香港北角英皇道 499 號北角工業大廈 18 樓

營銷部電話：(852) 2138 7961

電話：2138 7998

傳真：2597 4003

電郵：marketing@formspub.com

網址：http://www.formspub.com

http://www.facebook.com/formspub

發行者

香港聯合書刊物流有限公司

香港新界大埔汀麗路 36 號

中華商務印刷大廈 3 字樓

電話：2150 2100

傳真：2407 3062

電郵：info@suplogistics.com.hk

承印者

中華商務彩色印刷有限公司

香港新界大埔汀麗路 36 號

出版日期

二〇一七年七月第一次印刷

ISBN 978-962-14-6401-9

Published in Hong Kong